LECTURE ASTROLOGIQUE
DES PIÈCES ROMAINES
DE SHAKESPEARE

OUVRAGES DU MÊME AUTEUR

Études littéraires

Gérard de Nerval et les Doctrines ésotériques, le Griffon d'or, 1947.
Gérard de Nerval, coll. « Poètes d'aujourd'hui », P. Seghers éd., 1950 ; 8ᵉ éd., 1983.
Nerval, Expérience et Création, P., Hachette ; 2ᵉ éd., 1970. (Ouvrage couronné par l'Académie française.)
Nerval par les témoins de sa vie, P., Minard, Lettres modernes, 1970.
Paul Verlaine, coll. « Poètes d'aujourd'hui », P. Seghers, 1953, réimp.
L'Alchimie du Verbe de Rimbaud, P., Didier, 1972.
Études et recherches sur Théophile Gautier prosateur, P., Nizet, 1981.
Nombreuses éditions de Gérard de Nerval.
En collaboration avec M. Marcel A. Ruff : *Les derniers mois de Ch. Baudelaire et la publication posthume de ses œuvres.* (Correspondances et documents), P., Nizet, 1975.
Nerval, Expérience vécue et création ésotérique, P., Guy Trédaniel, 1987.

Symbolique

Géographie sacrée du monde grec, P., Hachette, 1967. (Ouvrage couronné par l'Académie française), 2ᵉ éd. revue et augmentée. Guy Trédaniel. 1983.
Delphes, Délos et Cumes, P., Julliard, 1970.
En collaboration : *Les structures symboliques du « Roi Lear » de Shakespeare*, P., Les Belles Lettres, 1979.
Aspects ésotériques de l'œuvre littéraire, P., Dervy-livres, 1980.
Prestiges de la lune et damnation par les étoiles dans le théâtre de Shakespeare, P., Les Belles Lettres, 1982.
Iconologie et tradition, P., Guy Trédaniel, 1984. (Ouvrage couronné par l'Académie française.)
Géographie sacrée dans le monde romain, P., Guy Trédaniel, 1985.

JEAN RICHER

LECTURE ASTROLOGIQUE DES PIÈCES ROMAINES DE SHAKESPEARE

Titus Andronicus
Jules César
Antoine et Cléopâtre
Coriolan

GUY TRÉDANIEL
ÉDITIONS DE LA MAISNIE
76, rue Claude-Bernard
75005 Paris

© Guy Trédaniel, éditions de la Maisnie, 1988
*Tous droits de reproduction et adaptation
réservés pour tous pays*
ISBN 2-85-707-284-8

INTRODUCTION

Depuis quelques années, nous avons entrepris le décryptement méthodique de l'œuvre de William Shakespeare dans la lumière de la science astrologique et nous avons publié successivement une étude sur *la Tempête* [1], un volume (en collaboration avec James Dauphiné) sur le *Roi Lear* [2] et un recueil [3] où sont rassemblées des études sur *le Songe d'une nuit de la mi-été, Roméo et Juliette, le Marchand de Venise, Macbeth* et *Othello*.

Loin d'aboutir à on ne sait quel automatisme, la richesse de la symbolique de l'astrologie a permis au génial dramaturge une combinaison des symboles sans cesse renouvelée qui est à l'image même de la vie. Mais dans chaque cas, pour trouver la structure qui a servi à l'organisation de l'œuvre, une véritable méditation, qui doit s'appuyer sur l'étude attentive du texte, est nécessaire. C'est pourquoi notre approfondissement de l'intelligence de l'œuvre considérée sous cet aspect, ne peut être que lent et progressif et nous avons été conduit à adopter la solution qui consiste à étudier les pièces une par une. L'ensemble que nous proposons aujourd'hui est une synthèse partielle qui regroupe des études sur quatre pièces romaines dont la première *Titus*

---

1. J. Richer, « La conception des personnages dans *La Tempête* de Shakespeare et la structure de la pièce », *Annales de la Faculté des Lettres de Nice*, n° 34, 1978 *(Hommage à Émile Gasquet)*, p. 77-86.

2. *Les Structures symboliques du « Roi Lear »*, P. Les Belles Lettres, 1979.

3. *Prestiges de la lune et damnation par les étoiles*, P. Les Belles Lettres, 1982. Abrégé en *Prestiges et damnation*.

Andronicus semble avoir eu pour « source » directe un livre italien mais qui doit beaucoup aussi à Hésiode, Ovide et Sénèque. Les trois autres dérivent principalement de Plutarque. Il ne faut pas perdre de vue que celui-ci fut l'un des derniers prêtres de Delphes et que ses *Vies parallèles* proposaient à Shakespeare des matériaux historiques ayant déjà fait l'objet, par ses soins, d'une première symbolisation, donc déjà élaborés littérairement.

Dans cette partie de l'œuvre de Shakespeare, comme dans les autres, l'astrologie, répétons-le, n'apporte pas une sorte de passe-partout mais bien un véritable trousseau de clés. L'auteur décrit la variété et la multiplicité en s'appuyant sur les vastes ressources de sa science astrale, qu'il applique avec finesse et pertinence à l'étude des êtres humains et de leur comportement.

L'élément commun aux quatre pièces que nous allons étudier, c'est la répartition des personnages dans le zodiaque (qui vaut d'ailleurs aussi pour *Cymbeline* [4] qu'on joint quelquefois aux pièces romaines). Mais dans *Antoine et Cléopâtre* importent surtout les protagonistes. Par sa thématique, cette tragédie se rattache d'ailleurs aux tragédies majeures où les constellations jouent un rôle considérable. Il nous apparaîtra que les protagonistes de cette pièce sont associés Antoine à Hercule et Cléopâtre au Serpentaire et au Serpent. Cette belle idée poétique, somptueusement orchestrée, dynamise la pièce et se trouve amplifiée par de multiples images qui tissent un très riche réseau de significations.

Titus Andronicus se rattache à une période de recherche et d'expérimentation. Une de ses plus intéressantes caractéristiques est de proposer un trio de personnages antipathiques associés aux signes d'eau, qui préfigure celui qui apparaîtra dans *le Roi Lear*.

Jules César, pièce savamment structurée, repose sur la thématique des métaux et des planètes. La pièce propose une sorte de quadrature du septénaire, en ce sens que la double opposition des équinoxes et des solstices y est mise en relation avec les quatre tempéraments et s'y superpose à une répartition des planètes dans le zodiaque.

---

4. Voir l'article de James Dauphiné : « Le secret de Cymbeline », *Études anglaises*, 1979.

INTRODUCTION

L'image-mère de *Coriolan* (comme celle d'*Othello*) semble venir de l'*Astrolabium planum* de Johann Engel dont nous avons procuré une réédition [5]. C'est celle de l'homme qui s'identifie à son épée. Mais il apparaît que toute une série d'images du même volume jouent dans la pièce un rôle important et peuvent servir à l'illustrer. Chose remarquable Volumnia, la mère de Coriolan, représente successivement la Vénus taurique et la Vénus de la Balance identifiée à la Justice.

À propos des pièces étudiées on verra que dans un certain nombre de cas nous ne faisons que réordonner ce qui avait été intuitivement perçu par certains critiques, dont le plus grand est sans doute G. Wilson Knight.

À nos propres yeux notre entreprise se trouve justifiée par le fait qu'elle place l'œuvre de Shakespeare dans un jour nouveau et surtout lui restitue une unité profonde qui n'avait jamais été correctement décrite, puisqu'il apparaît que la poétique du texte est étroitement liée à la conception des personnages et à la marche de l'intrigue.

Les trouvailles verbales les plus étonnantes, sur lesquelles nous avons pu jeter quelque clarté nouvelle sont, à notre avis, l'admirable équivoque poétique sur *hart* et *heart* dans le discours d'Antoine de *Jules César* (III, I, 204-206) et l'ensemble du grand récit du songe de Cléopâtre (acte V, scène II) où Antoine apparaît en Homme cosmique.

Lorsqu'il y a plus de cinquante ans, nous apprenions l'anglais, c'était bien avec l'espoir de mieux comprendre Shakespeare, un jour !

---

5. *Images astrologiques des degrés du zodiaque*, Bélisane, Nice, 1986, désigné par : *Astrolabium planum* et *Images astrologiques*.

CHAPITRE I

UNE PIÈCE EXPÉRIMENTALE :
TITUS ANDRONICUS DE SHAKESPEARE

Pour Claude Digeon

« Titus : *Quand donc voudra finir
cet effrayant sommeil ?* »
(III, i, 252)

1. UN MAGASIN ZODIACAL

Les commentateurs sont, en général, perplexes et même déconcertés evant *Titus Andronicus,* au point que, pendant longtemps, on a jugé plus simple de remettre en question l'attribution de cette pièce à Shakespeare, ou bien de considérer, soit qu'elle n'était sortie que partiellement de sa plume soit (ce qui revenait au même) que Shakespeare avait remanié une pièce plus ancienne [6].

Toutefois les critiques les plus lucides ou les plus attentifs, parmi lesquels nous citerons Eugene M. Waith et Alan Sommers [7], ont bien dit que de nombreux épisodes de la pièce, à travers des emprunts directs aux *Métamorphoses* d'Ovide, visaient à mettre

---

6. Voir la préface de l'édition The Arden Shakespeare, due à J.C. Maxwell, 1953 (1968).

7. Eugene M. Waith : « The Metamorphosis of Violence in *T.A.* », *Shakespeare Survey*, X, 1957, p. 39-49, souligne l'influence d'Ovide. Alan Sommers, dans « Wilderness of tigers, structure and symbolism in *T.A.* », *Essays in criticism*, vol. 10, 1960, insiste sur la valeur métaphorique de ce qui est représenté dans la pièce.

en évidence que le monde païen et, en l'espèce, celui de Rome, était « le monde sauvage des tigres » (« *a wilderness of tigers* », III, I, 54), car l'homme qui ignore le vrai Dieu, l'homme sans la grâce, demeure, inévitablement, au niveau de l'animalité. Une autre idée, implicite, vient renforcer la première, c'est que les êtres en proie à une grande passion, qu'ils soient ou non chrétiens, tendent à s'écarter de l'humain et très vite, courent le risque d'être dominés par une idée fixe, ce qui dramatiquement, fait d'eux comme des métaphores animales en action.

Il faut d'ailleurs insister sur le fait que *Titus Andronicus* entretient d'étroits rapports avec le poème *Lucrèce*, presque contemporain (1593/1594) et a en commun avec ce texte, en général négligé ou même considéré (à tort croyons-nous) comme un « échec »[8], de constituer une sorte de répertoire de types et de situations dramatiques, qui ont trouvé leur complet développement dans les grandes tragédies ultérieures[9], si bien que lorsque l'on considère l'ensemble de l'œuvre[10] *Titus Andronicus* représente bien comme un magasin, dans lequel le dramaturge puisera largement par la suite.

En outre, et ce point sollicitera spécialement notre attention, on y voit naître et se développer déjà l'idée de tirer parti de la symbolique de l'astrologie, tant dans la conception des personnages que dans l'organisation des situations dramatiques. Mais le système d'images, empruntées principalement à l'*Astrolabium planum* de Johann Engel, que nous avons pu mettre en évidence dans de nombreuses pièces[11], n'y apparaît pas, comme si la découverte par Shakespeare du livre d'images en question se plaçait après *Titus Andronicus*. En revanche, on y trouve déjà un certain nombre d'allusions astrologiques qui permettent de restituer un ensemble zodiacal complet *(fig.1)*.

---

8. C'est le point de vue adopté par F.T. Prince dans la préface de l'édition des *Poèmes*, The Arden Shakespeare, 1960 (1961).

9. En ce qui concerne *Lucrèce*, voir le suggestif article de Harold R. Walley, « *The Rape of Lucrece* and Shakespearean tragedy », *P.M.L.A.*, décembre 1961, p. 480-487.

10. *T.A.* est seulement précédé par *la Comédie des erreurs*, *les Deux gentilshommes de Vérone*, dont l'attribution à Shakespeare demeure incertaine, à notre avis, et les trois parties d'*Henri VI*.

11. Voir ci-dessus n. 3 et n. 5.

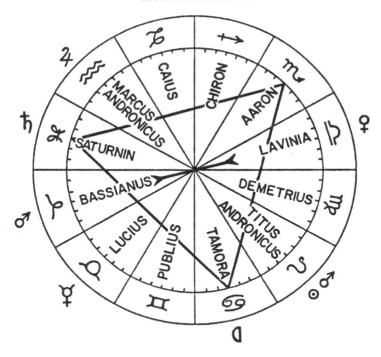

Fig. 1. — Le schéma zodiacal de *Titus Andronicus*.

2. Deux prédateurs, compagnons d'enfer

Dans *Titus Andronicus* deux personnages surhumains, Aaron et Tamora, représentent la Mal absolu, la damnation sans rémission, un personnage veule, Saturnin figure la trahison, le mal relatif. La noirceur d'Aaron est à la fois physique et morale, c'est le « villain » de la pièce, incarnant la turpitude totale, il précède immédiatement Richard III et annonce Iago. Son nom signifie ironiquement « très haut, exalté » (dans le crime, donc « très bas », en fait).

C'est en réalité un démon (comme le sera Iago). S'il porte un nom juif, c'est surtout pour indiquer qu'il appartient au signe du Scorpion, auquel on rattachait les Juifs. Dans l'œuvre de Shakespeare non seulement Shylock mais de grandes criminelles comme lady Macbeth, Regane, la Reine dans *Cymbeline*, appartiennent au Scorpion ; il faut d'ailleurs noter que ces trois femmes se suicident.

En outre *Aaron* est un nom d'Ophiucus, situé dans la région du Scorpion (et que nous retrouverons à propos de Cléopâtre) [12].

Lavinia décrit Aaron comme « l'amoureux couleur de corbeau » (« *raven-coloured love* », II, III, 83) de Tamora. Dans un passage où Titus cherche à le pacifier, il le traite néanmoins de corbeau ! (« *Did ever raven sing so like a lark...* », III, I, 158.)

On ne semble pas avoir vu que Tamora, qui est présentée comme « reine des Goths », porte un nom turc : Tamora pour *Tamu-radja*, « Maîtresse de l'enfer » ; c'est que, du temps de Shakespeare, on ne distinguait pas entre les Goths, les Huns et les Scythes [13].

Une série d'indications concordantes font de Tamora une figure de la triple Hécate (qui paraîtra comme personnage dans une scène de *Macbeth* qui, à notre avis, est bien de Shakespeare [14]). Dès la première scène (I, I, 315-316), Saturnin la compare à « Phoebé parmi ses nymphes ». Bassanius, la rencontrant dans la forêt, dit : « *...it is Dian, habited like her / Who hath abandoned her holy groves* » (II, III, 57-58). Sur quoi elle rétorque que, si elle était Diane, il le transformerait sur-le-champ en Actéon. Tout en saluant la référence à Ovide (*Métamorphoses*, III, 3), on peut songer aussi, à ce propos, aux figures d'un jeu de tarots du XVe siècle, signalées par Jean-Marie Lhôte à propos du *Songe d'une nuit d'été* [15] *(fig. 2)* et où Diane et Actéon représentent, respectivement, la reine et le valet de pique (ou de lièvre), cela ne doit pas surprendre puisque, ainsi que nous l'avons, à notre tour, souligné, la symbolique de cette pièce est, principalement, lunaire [16].

---

12. Richard Hinckley Allen : *Star names, their lore and meaning*, New York, 1899 (1963), p. 299.

13. Dans un jeu de cartes à jouer du XVe siècle (H. d'Allemagne, *Les Cartes à jouer*, t. I, face p. 181), figure *Thamiris Regina Mastagetarum*. Il s'agit de *Tomyris* (Hérodote, I, 205) ou *Thamyris* Regina Massagetarum (les Massagètes étaient un peuple Scythe). Elle a pour partenaire *Mida Rex Lidor*, dans lequel il faut reconnaître Midas, roi de Lydie. *Tama* signifie, en turc, avarice, et *tamu*, enfer.

14. *Prestiges et damnation...*, p. 79-80.

15. Jean-Marie Lhôte : *Shakespeare dans les tarots et autres lieux*, *Bizarre*, n° 43/44, J.J. Pauvert éd., juin 1967.

16. *Prestiges et damnation...*, p. 3-15.

P. Boiteau d'Ambly (*Les Cartes à jouer et la cartomancie*, 1954), indique

Fig. 2 et 3. — Figures d'un tarot
du xve siècle : *Diane* et *Actéon*

Au début de l'acte II (II, I, 1-9), Aaron parle de Tamora comme d'un astre à son zénith. Devant sa cruauté avouée, Lavinia la traitera de « tigresse » (II, III, 142). Aaron et Tamora sont des personnages sans nuances, la seconde annonce directement Régane et Goneril, les deux méchantes filles du roi Lear, qui seront assimilées à des louves, à des rapaces [17].

Les fils de Tamora, Démétrius et Chiron, se comportent comme des chiens d'Hécate ou des chiens d'Actéon, ce sont de jeunes animaux voraces en chaleur. Ovide donne les noms d'une vingtaine des chiens d'Actéon, mais Shakespeare a préféré en adopter d'autres, qui situent avec précision les personnages dans

---

que, dans cette couleur, le roi est Crésus (*l'or*, tandis que Diane est l'argent). On peut penser à la version légendaire de la fin de Crésus, transporté par Apollon au pays des Hyperboréens, comme le rapporte Bacchylide. Mais le Saturnin de *Titus Andronicus* ne peut être assimilé à Crésus qu'en raison de sa fin tragique.

17. Voir *Structures symboliques du roi Lear*, Paris, Les Belles Lettres, 1979, p. 87-89 (abrégé en *Str. symb. R.L.*)

le cercle zodiacal. Au reste lorsque Démétrius déclare : *Per Stygia, per manes vehor* (« Je suis transporté dans les régions infernales ») une citation arrangée de la *Phèdre* de Sénèque veut bien dire : « Je suis un suppôt de l'enfer ». En effet, en compagnie de son digne frère, il s'apprête alors à violenter, tourmenter et mutiler Lavinia.

Le nom de Démétrius (qui se trouve aussi dans le *Songe d'une nuit d'été*) renvoie à Déméter à laquelle revient le signe de la Vierge selon Manilius (*Astronomica*, II, 442 : Cérès gouverne la Vierge).

Son frère Chiron n'est guère digne de porter le nom du savant centaure instructeur d'Achille et de Jason, mais cela le situe dans le signe du Sagittaire. Titus caractérisera ainsi la redoutable équipe constituée par Tamora et ses fils :

« *A pair of cursed hell-hounds and their dame* »

(V, II, 144)

ce qui rejoint nos déductions.

3. Le malheur animalisé : les proies, Lavinia

« Corbeau » pour un méchant nègre, « tigresse » appliqué à une femme démoniaque, ne constituent pas des métaphores très originales, et nous ne croyons pas qu'elles comportent de manière certaine un sens astrologique.

Les métaphores intéressantes, dans *Titus Andronicus*, sont celles qui se regroupent autour du personnage de Lavinia, dont le nom, dérivé de *vinea* (vigne), désigne bien la saison des vendanges et le signe de la Balance, ce qui confirme qu'elle représente Vénus en Balance et forme bien couple avec Bassianus (Mars en Bélier). Lavinia en proie au malheur et à la souffrance sera assimilée à de faibles animaux par le moyen de métaphores souvent empruntées à Virgile, Sénèque et Ovide. C'est autour d'elle que se concentrent de nombreux thèmes mythiques et symboliques, mais Shakespeare ne s'est pas soucié de la doter d'une « psychologie », ni même de présenter son personnage de manière cohérente. C'est un malheureux pantin torturé et un personnage symbolique. Il est question de sa voix charmeuse et de son goût pour la musique (II, IV, 48-49) mais dans les seules scènes de la pièce où on entende le son de sa voix, elle se querelle avec Tamora, jugeant équitablement et sévèrement la conduite de celle-ci et, ensuite, elle la supplie en vain de lui épargner un traitement infamant (II, III).

De manière répétée, Lavinia sera décrite comme un cervidé, biche ou cerf, animaux en relation avec l'automne et avec la Balance [18]. Démétrius, parlant d'elle, dit :

> « *What, hast not thou full often stroke a doe,*
> *And borne her cleanly by the keeper's nose* »
> (II, I, 93-94)

> « N'as-tu pas souvent abattu quelque biche
> Pour la subtiliser à la barbe du garde » [19]
> (trad. J.B. Fort)

Le même personnage, à la fin de la seconde scène du deuxième acte déclare encore à son frère :

> « *Chiron, we hunt not, we, with horse nor hound*
> *But hope to pluck a dainty doe to ground.* »
> (II, II, 25-26)

> « Chiron chiens ou chevaux nous n'en avons que faire.
> Notre espoir est d'abattre une biche légère. »
> (trad. J.B. Fort)

Mais le passage le plus remarquable se trouve dans la première scène de l'acte III, c'est un dialogue entre Marcus et Titus, au sujet de ce qui est arrivé à Lavinia :

> « Marc.   *O, thus I found her straying in the park,*
>   *Seeking to hide herself as doth the deer*
>   *That has receiv'd some unrecuring wound.*
> Tit.   *It was my dear, and he that wounded her*
>   *Hath hurt me more than had he kill'd me dead...* »
> (III, I, 88-92)

---

18. Voir notre *Géographie sacrée dans le monde romain*, P., G. Trédaniel, p. 83-90, 1985, article « cerf, cervidé, biche », p. 437 de l'index.

19. *T.A.* Collection Shakespeare, trad. J.B. Fort, les Belles Lettres, 1972. Les extraits traduits que nous reproduisons sont empruntés à cette édition.

L'équivoque *deer/dear*, dans ce passage, annonce le profond jeu de mots sur *heart* et *hart* que nous rencontrerons dans *Jules César* (III,I, 204-210), et qui, nous le montrerons [20], renvoie aux signes du Lion et de la Balance et donc à Jules César et à Antoine.

Dans *Lucrèce*, les références à l'histoire de Philomèle, victime de Térée, étaient d'abord amenées par le chant du rossignol (1079) ; ensuite Tarquin était assimilé à Térée (1128-1134). Dans *Titus Andronicus*, l'histoire de Lavinia est présentée comme étant celle de Lucrèce, mais avec des circonstances aggravantes et des détails plus horribles encore. Les références explicites seront particulièrement nombreuses, spécialement dans la quatrième scène de l'acte II [21]. Lavinia elle-même invite Titus à lire le texte des *Métamorphoses* d'Ovide qui s'applique à son malheur (IV, I, 46). On ne peut imaginer référence plus directe, puisque le volume même d'Ovide est sur la scène ! Selon l'idée qu'on se fait de Shakespeare, à ce point de son développement, on peut juger le procédé comme extrêmement grossier ou bien supérieurement habile. Au moment où il va égorger Chiron et Démétrius, Titus se réfère encore à l'histoire de Philomèle (V, II, 194-195) :

« *For worse than Philomel you us'd my daughter,*
And worse than Progne I will be reveng'd. »

« Pire que Philomèle a souffert mon enfant
Et pire que Procné, moi je veux me venger. »

Sa place dans le déroulement historique supposé donne à Lavinia le triste privilège de pouvoir être aussi une image de Lucrèce : dans la bouche d'Aaron, on trouve cet étonnant compliment :

« *Take this of me : Lucrece was not more chaste*
Than this Lavinia, Bassianus' love. »

(II, I, 108-109)

---

20. Voir ci-après, p. 45-46.
21. *T.A.* : II, III, 43, Philomèle ; II, IV, 23 sq., discours de Marcus (26 et 41, Tereus ; 38 et 43, Philomèle).

Aussitôt après que Lavinia a invité Marcus et Titus à lire dans Ovide l'histoire de Philomèle, Titus se réfère au seigneur qui a pu commettre le crime « ...comme jadis / Tarquin quittant le camp pour le lit de Lucrèce » (IV, I, 63-64) et un peu plus loin dans la même scène, Marcus invite Titus, Lavinia et le jeune Lucius à jurer avec lui de se venger « comme le fit Brutus / Pour le rapt de Lucrèce, avec son triste époux » (IV, I, 90-91). Ainsi à travers la triple équivalence *(fig. 3)* Lucrèce-Philomèle, Philomèle-Lavinia, Lucrèce-Lavinia, l'histoire légendaire de Rome s'égale au mythe grec.

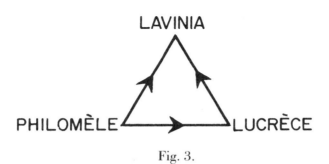

Fig. 3.

4. UNE AUTRE VICTIME : BASSIANUS

Alan Sommers, soulignant, dans l'étude citée, l'aspect allégorique de la pièce, écrivait : « Dans la forêt, la Justice est mise à mort et la Chasteté mutilée », ce qui décrit bien l'opposition-complémentarité du couple Lavinia Bassianus, qui est lié à l'axe équinoxial Bélier-Balance. Plus exactement, Bassianus représente Mars en Bélier, donc en domicile (dans son nom, on peut lire le radical de *basio*). Dans le passage où, perfidement égorgé dans un trou, infernal « piège à l'homme », il représente la panthère prise au piège, un rubis brille à son doigt dans l'obscurité (II, III, 227) ; la pierre non nommée, « *illumine tout le trou* » et les commentateurs expliquent qu'à l'époque de Shakespeare, on croyait que l'escarboucle émettait une lumière propre, et aussi qu'on ne distinguait pas cette pierre du rubis. Elle renvoie donc à la planète Mars. Bassianus, représentant l'idéal virtuel du bon gouvernant, est associé à l'axe Bélier-Balance, ce dernier signe étant mis ordinairement en relation avec la Justice. Le départ de la Justice, qui a déserté la terre, dont il sera question à la scène III de l'acte IV (39 sq.) fait penser aux considérations d'Hésiode sur Dikè, la Justice dans *les Travaux et les Jours* et à son injonction aux rois d'avoir à méditer sur elle (*T. et J.*, vers 248).

À la lumière des événements du deuxième acte, la phrase par laquelle Titus proposait à Saturnin de chasser « *la panthère et le cerf* » (I, i, 493) prend un relief particulièrement tragique : la biche c'était Lavinia, et Bassianus représentait la panthère !

5. LA SCÈNE DE TIR À L'ARC ET LA STRUCTURE ZODIACALE

La scène de tir à l'arc (IV, III) est particulièrement révélatrice de certaines intentions de Shakespeare et apporte une importante confirmation à notre lecture de l'ensemble de l'œuvre du dramaturge.

Francis A. Yates et W. Elton ont montré [22] que, selon toute vraisemblance, le théâtre du Globe était construit de telle manière que le toit recouvrant une partie de la scène était peint de couleur bleu ciel et décoré de représentations astrales, en particulier de figures du zodiaque et des divinités planétaires, si bien que le théâtre était bien lui-même une image du monde.

En outre, dans la scène que nous examinons et où la symbolique astrologique, d'ailleurs omniprésente, est particulièrement évidente, les personnages assimilés à des Olympiens étaient sans doute juchés sur une galerie surélevée ; ce devait être le cas au moins pour Saturnin et Tamora (pour que la suite de la pièce ait un sens).

Sous une apparente naïveté, le texte apporte une série de renseignements sur les personnages qui y sont montrés en archers, envoyant avec leurs flèches des requêtes aux dieux. Il suffit de comprendre, croyons-nous, que chacun d'entre eux vise et atteint une cible qui comporte pour lui une signification personnelle. En

---

22. W.R. Elton : *King Lear and the gods*, San Marino, Californie, 1966, réf. p. 162 et de Frances A. Yates, *The Art of Memory* et *Theatre of the world*.

raison de son importance, nous reproduisons un passage de la scène :

« Tit.	Au travail donc, Marcus, vous êtes bon archer.
	(Il leur distribue les flèches)
	Ad Jovem, c'est pour vous ; puis Ad Apollinem,
	Ad Martem, c'est pour moi :
	Tiens, garçon, pour Pallas ; et voici pour Mercure ;
	Pour Saturne, Caïus, non pas pour Saturnin :
	Autant vaudrait pour toi tirer contre le vent.
	Vas-y garçon ! Marcus, vous tirez sur mon ordre.
	Parole ! J'ai tenu la plume à bonne fin :
	Il n'est pas un seul dieu qui n'aura sa requête.
Mar.	Cousins, c'est dans la cour qu'il faut lancer vos flèches :
	On va dans son orgueil blesser notre empereur.
Tit.	Et maintenant, tirez. Oh ! Bravo Lucius !
	Dans la Vierge, en plein cœur, garçon : tire à Pallas.
Mar.	J'ai bien visé seigneur, au-delà de la lune ;
	Jupin en ce moment a votre lettre en mains.
Tit.	Publius, Publius ! Eh bien ! Qu'as-tu fait là ?
	Vois, tu viens d'écorner le Taureau d'un côté. »

(IV, III, 52-68)

Lucius, comme plus tard Edgar dans le *Roi Lear*, est associé au Taureau, qui est constamment signe « royal » dans le théâtre de Shakespeare. Il revient à la tête d'une armée de Goths comme Cordélie vient de France avec des soldats français, et c'est à lui que sera dévolu l'Empire à la fin de la pièce. Il tire sur la Vierge identifée à Astrée, à la Justice, à Pallas. Comme l'avait pensé F. Yates, la référence à Astrée concerne peut-être la reine Elisabeth [23] mais il faut souligner que le Taureau et la Vierge sont deux signes de terre, placés en trigone et que ce que nous apprenons ainsi, c'est que Lucius est marqué par Mercure en Taureau (puisque la Vierge est le domicile de Mercure), ce qui le rend avenant, doué d'un bon raisonnement, de persévérance et de jugement.

---

23. *Journal of the Warburg and Courtauld Institutes*, 10, 1947, p. 27-82.

Publius, fils de Marcus Andronicus « *écorne le Taureau d'un côté* ». Cela peut être interprété comme signifiant qu'il appartient lui-même au signe voisin des Gémeaux, qui est en trigone avec le Verseau, autre signe d'air, où est situé son père. Il faut d'ailleurs relever que Lavinia, située en Balance, occupe le troisième signe d'air et que Publius participe activement à la vengeance de Titus et de Lavinia, en liant les fils de Tamora (V, II, 157).

Marcus Andronicus, frère sage et bienveillant de Titus, occupe le signe opposé et complémentaire de celui de Titus, le Verseau. Il adresse son message à Jupiter ; Jupiter en Verseau représente effectivement un sujet juste, bon et charitable.

Le « *Pour Saturne, pas pour Saturnin* » souligne, croyons-nous, que Saturnin n'occupe pas un signe saturnien mais bien celui des Poissons, et donc que les trois misérables de la pièce, Tamora, Aaron et Saturnin, sont associés aux trois signes d'eau Cancer, Scorpion et Poissons, comme ceux du *Roi Lear*, Régane, Goneril et Cornouailles. Saturnin représente Saturne dans les Poissons, ce qui signifie qu'il est changeant, trompeur, enclin à faire le mal. La mollesse des Poissons explique qu'il soit si aisément trompé par Tamora et Aaron.

Caius (Gaius) tient si peu de place dans l'action qu'il est difficile de prouver que le signe du Capricorne lui revient. Mais son nom tend à faire de lui un représentant du principe masculin positif, s'opposant à la sinistre Tamora, caricature de l'Épouse (Gaia). Comme l'on sait, les signes du Cancer et du Capricorne correspondent aux solstices.

Titus, en raison de sa fonction royale est associé au signe du Lion (mais probablement en naissance nocturne). Il représente le Soleil en Lion. Mais la scène de tir à l'arc donne encore une précision à son sujet : « Ad Martem, *c'est pour moi* », dit-il. Il en faut déduire que Mars est également dans le Lion dans son horoscope et peut-être même en conjonction avec le Soleil. Cela établit une analogie avec Coriolan qui représente Mars en Lion et s'identifie à son épée [4]. L'un et l'autre personnages meurent soudainement.

Au début de la pièce, Titus exerce une violence subite et

---

24. Voir ci-après, p. 76-79.

injuste en tuant son fils Mutius qui défend le bon droit (I, I, 290-291). Par suite du choc en retour, dans toute la suite de la pièce, il souffrira de cruautés exercées contre lui et les siens. On l'a souvent dit, sa situation à bien des égards, préfigure celle de Lear.

À ce point de notre analyse, il convient de noter que, dans les premières scènes de la pièce sont présentées les énergies planétaires, comme dans un jeu de cartes, sous la forme de trois rois et de deux reines :

Bassianus : Mars en domicile en Bélier.
Marcus Andronicus : Jupiter en Verseau.
Saturnin : Saturne en Poissons.
Titus Andronicus : le Soleil et Mars en Lion.
Tamora : la Lune en domicile en Cancer.
Lavinia : Vénus en domicile en Balance.

La comparaison de *Titus Andronicus* avec les œuvres ultérieures montre que Shakespeare s'est particulièrement intéressé aux sujets mus par la planète Mars en signe de feu. Lear, représentant du Bélier, signe martien, a en lui un fond de violence (qui se manifeste par la colère). Après s'être montré injuste à l'égard de Cordélie, il subira à son tour la violence injuste. Coriolan représentera la violence incontrôlée, c'est une sorte de machine à tuer, il mourra massacré à Corioli. Bassianus, qui représente Mars en Bélier, est virtuellement un bon gouvernant, mais la présence de Mars dans son signe natal fera de lui la victime de la violence.

Il n'est pas sans intérêt de le confronter à Brutus, autre représentant de Mars en Bélier qui, dans *Jules César*, est le chef de la conspiration et qui, après avoir exercé la violence, mourra par suicide.

Nous avons déduit aussi que l'étoile violente de Macbeth, Algol, se trouvait à l'Ascendant en Sagittaire et que dans son thème Mars devai se trouver dans le Bélier en Maison XII [25].

Enfin, dans le thème d'Othello, natif du Sagittaire, l'étoile maléfique Antarès joue le même rôle que Mars [26]. Il est à peine

---

25. *Prestiges et damnation...*, p. 61-62.
26. *Prestiges et damnation...*, p. 84-88.

besoin de rappeler que Macbeth comme Othello exercent une injuste violence et qu'ils meurent, l'un tué par Macduff, l'autre de sa propre main.

Nous avons vu, à propos de Titus, de Tamora, de Lavinia, que *Titus Andronicus*, dans la conception des personnages et de l'intrigue, présente des affinités avec le poème *Lucrèce* et aussi des pièces où domine la symbolique lunaire, comme *le Songe d'une nuit d'été* et *le Marchand de Venise*. Mais, surtout, elle préfigure *le Roi Lear*, tant dans l'idée et le comportement du personnage principal que par la présentation d'un trio antipathique, mis en relation avec les trois signes d'eau du zodiaque.

En outre, le personnage qui assume à la fin de la pièce l'autorité suprême, Lucius dans un cas, Edgar dans l'autre, représente le signe du Taureau (signe natal de Shakespeare).

Ne serait-ce qu'en raison de ces similitudes de structure astrologique entre *Titus Andronicus* et *le Roi Lear*, on peut penser que la pièce, en dépit d'évidentes faiblesses, est en son entier de Shakespeare.

Il y a quelque ironie dans le maniement désinvolte des citations d'Horace (IV, II, 20-21) ou de Sénèque (IV, I, 81-82), et même dans les allusions au texte des *Métamorphoses* d'Ovide. Le dénouement de la pièce reprend le festin de Thyeste, traité dramatiquement par Sénèque. Par ailleurs, il faut souligner la très fréquente mention, dans l'œuvre de Shakespeare, de noms ou d'épisodes de l'*Enéide* (en particulier du récit de la chute de Troie). Souvent reviennent Enée et Didon, la Sibylle, Priam et Hécube, Achille, Troilus. La scène du meurtre de Lavinia, avec sa référence à la Virginie romaine, est délibérément caricaturale (V, III, 34-47).

La sinistre mascarade à laquelle se livrent Tamora déguisée en Vengeance et ses fils représentant le Viol et le Meurtre ne répond à aucune véritable nécessité dramatique. Titus, en accueillant le trio, dit clairement qu'il n'est pas fou (« *I am not mad* », V, II, 21), mais Tamora se leurre elle-même et provoque un retournement de situation qui permet à Titus et à Lavinia, victimes mutilées, de se transformer à leur tour en bourreaux, et de préparer l'horrible pâté. On ne semble pas avoir vu que Vengeance, Viol et Meurtre renvoient à la série hésiodique des Enfants de la Nuit. Dans la *Théogonie*, sont mentionnés Meurtre

(*Phonos*, 229) et « les Kères, implacables vengeresses » (vers 217 : Κῆρας ἐγείνατο νηλεοποίνους).

Cette remontée, d'Ovide à Hésiode, marque une régression à la brutalité absolue, ce qui semble impliquer une référence, au moins implicite, à la Chute et au meurtre de Caïn. Il s'agit d'un monde ignorant la charité.

Nous nous demanderons, en conclusion, si ce n'est pas une erreur que de vouloir porter *Titus Andronicus* sur la scène contemporaine. en effet, la plupart des intentions que nous venons de mettre en évidence, et qui ajoutent à la pièce un élément de profondeur, ne peuvent guère apparaître qu'à la lecture. La représentation souligne inévitablement le côté schématique et sanglant d'une pièce horrible où une douzaine des principaux personnages sont mis à mort ou mutilés, beaucoup d'entre eux sur la scène même. L'un des rares survivants, Lucius, assurera, comme toujours chez Shakespeare, la continuité de l'exercice du pouvoir. Il symbolise Mercure, dernier-né des Olympiens.

Le style, souvent recherché jusqu'à la préciosité, a l'avantage de marquer la distance de l'auteur par rapport à la brutalité de l'action, et donc de contribuer à créer une atmosphère d'irréalité. C'est pourquoi toute mise en scène éventuelle devrait souligner que tout se déroule dans un *cauchemar*, et donc épargner le sang.

CHAPITRE II

LES SEPT CARACTÈRES ET LES QUATRE TEMPÉRAMENTS DANS *JULES CÉSAR*

Dans l'introduction de l'édition Arden de *Jules César* T.S. Dorsch fait état d'une remarque de John Crow concernant l'abondance des allusions aux *métaux* dans cette pièce [27]. Mais il n'a pas vu qu'une telle symbolique n'était que la transposition dans un registre particulier de la symbolique des *sept planètes* traditionnelles. Comme nous allons l'établir, dans cette pièce, que l'on date de 1599, le dramaturge a conçu les principaux personnages en termes de symbolique planétaire et, dans cette perspective particulière a tiré parti très habilement d'éléments qu'il trouvait dans Plutarque [28].

6. ANTOINE OU MERCURE EN CANCER

Dès la seconde scène du premier acte, Brutus déclare :

---

27. *Julius Caesar*, The Arden Shakespeare, Londres, Methuen, 1955 (1977), introd. de T.S. Dorsch, p. LXVII.
28. Plutarque a pu inclure à dessein dans ses récits d'événements historiques quantité de détails symboliques que Shakespeare n'a fait que reprendre, si bien qu'on se trouve en présence d'une triple symbolisation : à une réalité historique elle-même pleine de signes se superposent les apports de Plutarque, puis l'interprétation de Shakespeare. Voir par exemple le passage des *23* blessures de César selon Plutarque aux *33* blessures dans la tragédie.

« Je n'aime point les jeux : pour moi : je manque un peu
De la vivacité qu'on voit en Marc Antoine » [29]

(I, II, 27-28)

Le texte anglais parle de « *quick spirit* », ce qui revient à attribuer à Marc Antoine le « quick silver » ou mercure, donc à faire de lui le représentant du caractère mercurien, réputé fort prompt.

Lorsque les conjurés délibèrent pour savoir s'ils vont également tuer Antoine, Brutus dit encore de lui :

« il joue et se débauche en folle compagnie. »

(II, I, 188-189)

ce qui semble bien décrire une certaine mollesse, une sensualité qui est, croyons-nous, celle du signe du Cancer.

En relation avec ce signe, signe lunaire, signe d'eau, l'affectivité chez Antoine est aussi très développée ; cela se manifestera dans sa fidélité à la mémoire de César. Il représente donc en fait Mercure en Cancer, ce qui, d'après les traités d'astrologie donne une imagination vive, de la bonne volonté, de la fidélité, toutes qualités qui se manifesteront dans son fameux discours. Sa fidélité à la mémoire de César, l'habileté qu'il aura de donner connaissance de son testament, seront fatales aux conjurés. Dans son rôle de miroir, il exaltera et magnifiera la gloire posthume du héros bienfaiteur de la Cité atteint de *trente-trois blessures* (V, 1, 53), nombre qui s'écrit GL, pour *Gloria* (ou *Gloria Leonis*), chiffre modifié à dessein, puisque Plutarque et Suétone parlaient de vingt-trois blessures (il est bien énoncé « trois et trente » c'est-à-dire GL).

7. Cassius et Saturne en Capricorne

Cassius Longinus Caïus porte un nom maléfique, qui dérive de *Cassus* (vide, inutile, à rapprocher de la locution *in cassum* :

---

29. Nous citons le texte en français d'après la traduction de Charles Marie Garnier ; coll. Shakespeare, Les Belles Lettres, 1929 (1967) ; chaque fois que cela est utile, nous citons quelques passages de l'original anglais.

en vain) [30]. Le personnage, assez antipathique est chargé, comme Edmond dans *le Roi Lear* (I, II, 128 sq.) [31], de mettre en question la réalité des influences astrales. Comme on l'a remarqué ce sont les personnages qui contestent l'ordre établi et l'autorité légitime que Shakespeare charge de prononcer de telles paroles. Cassius déclare :

> « Les hommes sont parfois maîtres de leur destin
> La faute est notre fait, non le fait des étoiles
> Si nous ne sommes plus que d'infimes esclaves. »
> *(underlings)* (I, II, 137-139)

Toutefois l'affirmation est nuancée et rejoint, en l'inversant, l'adage astrologique « les astres inclinent, mais ne déterminent pas ». Cassius est probablement le personnage de la pièce le plus nettement typé. Toujours dans la deuxième scène du premier acte, César fait son portrait ; s'adressant à Antoine.

> « Ce Cassius est maigre ; il a l'air famélique ;
> Il pense trop, vois-tu : ces gens sont dangereux
> [...] je le voudrais plus gras ! Mais je ne le crains pas : [...] homme étique
> Il lit beaucoup, observe et son regard vous perce
> La conduite des gens : il n'aime les spectacles,
> Comme tu fais, Antoine, il n'aime la musique ;
> Rarement il sourit, ou son sourire a l'air
> De se railler lui-même et de se mépriser
> D'avoir un moment pu trouver matière à rire.
> Les hommes tels que lui n'ont point le cœur à l'aise
> Tant qu'ils voient s'élever un autre au-dessus d'eux
> Et c'est ce qui les rend toujours si dangereux. »
> (I, II, 191-207)

Nous comprenons que c'est le véritable adversaire de César, et il saura gagner son beau-frère (*your brother*, II, I, 70) Brutus à la cause de la conspiration.

---

30. Voir A. Ernout et A. Meillet : *Dictionnaire étymologique de la langue latine*, à l'article « cassus ».
31. *Struct. symb. R.L.*, § 21.

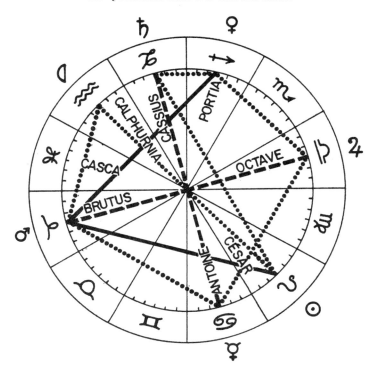

Fig. 5. — La structure astrologique de *Jules César*

Lorsque Brutus se querelle avec Cassius au quatrième acte, il lui dit :

« Par les dieux ! il faut dussiez-vous en crever,
Digérer le venin de votre foie... » *[spleen]*

(IV, III, 46-47)

Le suicide de Cassius sera typique d'un mélancolique, puisqu'il a mal interprété ce qu'il voyait et a cru à une défaite au moment même d'une victoire. Messala dit alors :

« Maudite erreur, enfant de la mélancolie,
Ah ! pourquoi fais-tu voir à notre esprit sensible
La chose qui n'est point ? »

(V, III, 67-69)

En outre, le fait que Cassius se suicide le jour même de son anniversaire (*This day I breathed first*, V, III, 23), donc alors que le soleil se trouve proche de la position natale, a pour objet de le mettre en relation avec la planète qui gouverne un cycle de 59 ans. La seconde bataille de Philippes ayant eu lieu le 27 octobre 42 avant J.-C. ceci renvoie aux événements de 100-101 avant J.-C. à Rome, marqués par la mort du tribun *Saturninus*, et *la naissance de Jules César*.

La parole que prononce Titinus devant son cadavre « *The sun of Rome is set* » (V, III, 63) signifie probablement qu'il était natif du signe des Gémeaux, qui, traditionnellement, gouverne Rome [32].

De tout cela, il résulte que Cassius représente Saturne en domicile dans le signe du Capricorne. À bien des égards, le personnage préfigure Hamlet en qui on a vu, à juste titre, la typification du tempérament *mélancolique* ou *saturnien*.

Et son sens de l'amitié, son affection pour Brutus sont à mettre en relation avec un probable Soleil en Gémeaux.

Par ailleurs, il convient de relever la phrase de Brutus, s'adressant à Marc Antoine :

« Mais pour vous
 Nos armes n'ont jamais que des pointes de plomb. »
(III, I, 172-173)

La référence au plomb, métal saturnien, désigne en réalité Cassius. Si bien qu'une telle déclaration décrit, en fait, l'opposition entre Cassius (Saturne en Capricorne) et Antoine (Mercure en Cancer).

8. CASCA SOUS-CASSIUS ET LE SIGNE DES POISSONS

Casca, à certains égards, est comme un reflet caricatural de Cassius ; il faut probablement entendre, dans son nom, *cas* et *caco*, vain et méchant. Brutus dit de lui :

---

32. Pour Cassius on peut donc supposer le Soleil en Gémeaux, l'Ascendant en Sagittaire (ou en Scorpion ?), Saturne en Capricorne.

« Quel épais compagnon cet homme est devenu ! »

(I, i, 292)

Mais, comme l'a relevé T.S. Dorsch, il se trouve que « blunt » traduit le nom même de Brutus (hérité de Lucius Junius Brutus, qui avait feint d'être stupide) ; ainsi se constitue un subtil jeu d'échos, associant verbalement les conjurés, Brutus, Cassius et Casca.

À la scène III du même acte (vers 57) Cassius dira à Casca :

« votre esprit s'engourdit, Casca » *(You are dull, Casca)*

Il faut connaître le mépris dans lequel Shakespeare semble avoir tenu les natifs du signe des Poissons. Des qualificatifs comme *blunt* ou *dull* donnent à penser que Casca se rattache à la lignée détestable qui comprend Cloten (dans *Cymbeline*) [4], Cornouailles (dans le roi *Lear*) [33], Caliban (dans la *Tempête*) [1], donc qu'il représente un esprit de lourdeur constamment associé par le dramaturge avec le signe des Poissons.

Le signe des Poissons est en relation avec les pieds de l'homme ; or, dans un curieux passage, Casca semble bien s'identifier à son pied :

« Tenez, voici ma main :
Conspirez donc pour redresser tous ces abus !
Je veux poser le pied aussi loin que les autres
Et nul plus loin que moi ! »

*(And I will set this foot of mine as far
As goes farthest)*

(I, III, 117-120)

Rappelons, à ce propos, l'exclamation de Prospero dans *la Tempête* :

« *What I say / my foot my tutor ?* »

(I, II, 471-472)

---

33. *Struct. Symb. R.L.*, § 26.

Lors de la tentative de révolte de Ferdinand, qu'il a astreint aux tâches manuelles qui reviennent ordinairement à Caliban, représentant dans la pièce du signe des Poissons, et donc des pieds de l'homme.

9. Brutus et Mars en Bélier

Cassius dit à son ami Brutus :

« On peut, en le forgeant, ployer ton fier métal
(honourable métal)
À ce qu'il répudie. »

(I, II, 306-307)

Et l'on sait que, dans le fameux discours d'Antoine, l'expression qui reviendra en refrain sera « *Mais ce sont des gens honorables* ». Le métal « honorable » susceptible d'être forgé et aiguisé est le fer ; en d'autres termes Brutus représente *Mars*.

Brutus en proie à l'insomnie monologue :

« Depuis que Cassius contre César m'excite *(Since Cassius first did whet*[34] *me against Caesar)...*
Je n'ai pas fermé l'œil...
Entre la prime envie et l'accomplissement
D'un terrible projet, tout l'intérim s'ouvre
Comme la vision d'un hideux cauchemar.
Notre Génie et nos facultés de mortels
Tiennent alors conseil, et cet État qu'est l'homme
Comme un petit royaume en de tels moments souffre
En proie à je ne sais quelle insurrection. »

(II, I, 61-69)

Ce passage apporte donc la description du microcosme humain en révolution. Le *Génie* au sens astrologique désigne soit l'étoile, la planète dominante, soit, selon le système de Manilius

---

34. *To whet* signifiant « aiguiser », on retrouve ici une allusion au fer, métal « noble ».

que Shakespeare connaissait, les aspects bénéfiques du thème, associés à la XI⁰ Maison de l'horoscope [35].

Au moment crucial de la conjuration, Casca tient des propos en apparence futiles :

« Là le soleil se lève où je pointe l'épée ;
　Il gagne en ce moment beaucoup sur le midi
　Considérant le jeune essor de la saison.
　Oui, dans deux mois d'ici c'est plus haut vers le nord
　Qu'il présente ses feux : l'orient de l'été
　Se trouve juste ici, devers le Capitole. »

(II, I, 106-111)

Ces indications astronomiques ont en réalité pour objet d'indiquer que les *Ides de mars sont venues*, ce qui sera souligné surabondamment en clair dans les scènes suivantes : c'était la période correspondant à celle du 8 au 15 mars de notre calendrier actuel. Le jour de l'assassinat sera le 15 mars 44 avant notre ère. Il ne fait aucun doute que, dans l'esprit de Shakespeare, le personnage de Brutus s'identifie à *Mars en domicile en Bélier* et qu'il est en quelque sorte, porteur du *fatum*, de César (dont il était, peut-être, le fils).

Au point de vue symbolique, Brutus préfigure Lear qui, comme lui sera associé à Mars en Bélier (mais Lear revêt en outre, un aspect saturnien) [36]. Brutus se livre à des actions brutales et soudaines d'une manière irréfléchie ou peu réfléchie. La manière dont il s'associe au complot contre César, dont il prend au sérieux le message anonyme « Tu dors, Brutus ! », le refus d'un serment liant entre eux les conjurés, la décision d'épargner Marc Antoine, la permission qu'il donne à celui-ci de prononcer l'oraison funèbre de César, l'ordre d'attaquer donné trop tôt lors d'un engagement décisif, tout souligne la nature monolothique de son caractère. À chaque fois, s'il l'emporte sur Cassius le saturnien, plus lent et plus réfléchi, finalement il se détruit lui-même, et entraîne son complice et ami dans sa chute.

---

35. A. Bouché-Leclercq : *L'Astrologie grecque*, P. 1899 ; (réimpr. Bruxelles, 1963), p. 280 et Manilius : *Astronomica*, 2, 888 sq. La onzième maison est nommée *Agathos daimon* ou *Bonus Genius*.

36. *Struct. Symb. R.L.*, § 12, 13 et 14.

Au reste, Brutus et Cassius portent l'un et l'autre des noms à consonance défavorable et ils représentent respectivement, Mars et Saturne, planètes généralement considérées comme maléfiques.

Mais il se produit entre eux une curieuse inversion de fonctions qui peut être mise en relation avec le carré Bélier-Capricorne (et l'affinité entre deux symboles animaux (le Bélier et le Bouc). En effet et spécialement lorsqu'ils entrent en conflit, il apparaît que la valeur que Brutus place en premier est *l'honneur* tandis que le saturnien Cassius découvre l'importance de l'amitié et de *l'affection (love)*. L'échec même de la conspiration vient de ce que Cassius, par affection pour Brutus, va de concession en concession, sur des points essentiels. Le fait d'avoir, contre l'avis de Cassius, laissé vivre Antoine, leur sera fatal.

C'est à propos de la scène de la querelle entre Brutus et Cassius (IV, III) que S.T. Coleridge déclara :

> « Je ne sais aucun autre endroit de Shakespeare qui suscite à ce point en moi la croyance en la nature surhumaine de son génie que cette scène entre Brutus et Cassius. Selon l'hérésie gnostique il aurait pu être enseigné, avec une absurdité moindre que celle qui se manifeste dans la plupart de leurs dogmes, que l'Être suprême l'avait chargé de créer les personnages avant même de les mettre en scène. » (N.T.)

Brutus offre des ressemblances avec Macbeth, comme lui marqué par Mars en Bélier mais, en outre, victime de l'étoile violente de la *Tête de Méduse* [37] : l'un, comme l'autre, projettent sur le monde la violence et le désordre présents dans leurs esprits.

L'acte III de la pièce débute par le dialogue entre César et le Devin :

César : « Les Ides de Mars sont arrivées
Le Devin : Oui, César, mais elles ne sont point passées. »

et César mourra au vers 77 de cette scène (11×7).

---

37. *Prestiges et damnation...*, IV, §§ 1, 2, 3.

En résumé, Brutus conçu comme *martien*, véritable personnification de la violence, est l'instrument du destin de César, qui s'accomplit aux *Ides de Mars*.

Lorsque le fantôme de César apparaît à Brutus, il lui dit : « *[Je suis] ton mauvais génie* » (IV, III, 281). *Kakodaimon* était le nom donné à la XIIe Maison de l'horoscope [38] et César représentant, comme nous allons le voir, le principe solaire, cela veut dire que, dans l'horoscope de Brutus le Soleil est situé en douzième maison (et dans le signe du Lion) ce qui signifie « prison ou exil pour homicide ».

Il résulte aussi de la place de la XIIe Maison en Lion que l'Ascendant de l'horoscope de Brutus est probablement dans le signe de la Vierge, Edmond dans le *Roi Lear* sera également associé à la Vierge [39]. Ce signe est souvent considéré par Shakespeare comme maléfique, comme s'il avait une aversion pour l'axe Vierge-Poissons. Toutefois, Miranda, dans la *Tempête* représentera l'aspect positif du signe de la Vierge [40].

10. Portia et Vénus en Sagittaire

Portia, femme aimante de Brutus (« *gentle Portia* », II, I, 278), en raison même de la complémentarité qu'elle représente par rapport à lui — il ira jusqu'à lui confier le secret de la conjuration — représente le principe *vénusien*. Mais c'est une Vénus noble et presque guerrière ; c'est pourquoi on est conduit à l'associer à un signe de feu, qui ne peut être que celui du Sagittaire, le Bélier étant occupé par Brutus et le Lion, nous le verrons bientôt, revenant à César. Vénus dans ce signe peut conduire à certaines aberrations et en effet Portia se blesse elle-même *à la cuisse* (région du corps qui correspond précisément au Sagittaire), pour prouver son courage physique (II, I, 300-301). Elle se suicidera *en avalant du feu* (IV, III, 155),

---

38. A. Bouché Leclercq : *op. cit., loc. cit.* et Manilius : *Astronomica*, 2, 865 sq. La douzième maison est appelée *Kakos daimon* ou *Malus genius*.

39. *Struct. Symb. R.L.*, § 18.

40. Article cité ci-dessus, n. 1.

comme le rapporte en effet Plutarque : elle placera dans sa bouche des charbons ardents.

Il faut relever que Shakespeare met volontiers les personnages sacrifiés en relation avec le Sagittaire : Othello est marqué par Antarès, étoile de la région du Sagittaire [41] ; Duncan dans *Macbeth* [42] et le Fou dans *le Roi Lear* [43] sont également des représentants de ce signe comme l'est aussi Antoine (voir ci-après § 19). Il y a là un mécanisme de répétition assez curieux qui n'est peut-être pas entièrement volontaire et qui peut être mis en relation avec la place du Soleil dans l'horoscope du poète, en Taureau [44] : car si l'on compte à partir du Taureau, le Sagittaire est le huitième signe, correspondant analogiquement à la VIIIᵉ Maison de l'horoscope ou Maison de la Mort et du renoncement.

11. LES SIGNES DE FEU

Quoi qu'il en soit, la triplicité de feu revêt dans *Jules César* une particulière importance : le trigone Bélier-Sagittaire décrit la relation conjugale entre Brutus et Portia et le trigone Bélier-Lion correspond à la probable filiation César-Brutus. D'après Suétone le mot de César mourant prononcé en grec fut : « καὶ σύ, τεκνον. » Traditionnellement les trois signes royaux sont les signes de feu même si Shakespeare, parce qu'il était natif du Taureau avait pris l'habitude de considérer ce signe comme le signe royal (ce qui fut vrai, par exemple à l'époque mycénienne dans l'Égée).

Brutus, s'efforçant de justifier l'assassinat de César emploiera une image révélatrice :

« Notre pitié pour le malheur public de Rome,
Comme un feu chasse un feu — chassant notre pitié
Pour César, frappe encor par pitié. »

III, I, 170-172.

---

41. *Prestiges et damnation...*, V, § 15.
42. *Ibid.*, IV, § 6.
43. *Struct. Symb.* R.L., § 18.
44. *Ibid.*, § 20 et § 33.

En somme, le feu du Bélier (identifié à la pitié pour le malheur public éprouvée par Brutus et ses associés) a mis à mort le feu solaire du Lion.

Le corps de César est brûlé par une populace dechaînée (III, II, 258) ; celui de Brutus sera incinéré par ses ennemis (V, v, 55).

12. Jules César ou le Soleil en Lion

Le nom de César, d'après les étymologistes, dérive des circonstances exceptionnelles de sa naissance : Pline et Nonius Marcellus l'expliquent *a caeso matris utero* ; Festus dit *caesares dicti quia caesa matre nascuntur* [45].

Parmi les prodiges annonciateurs de la mort de César que rapporte Casca à la scène III du premier acte il faut relever :

« J'ai près du Capitole un lion rencontré,
Qui, le regard luisant, farouchement passa
Sans plus m'inquiéter. »

(I, III, 20-22)

Lorsqu'on rapporte à César les événements prodigieux de la nuit, il déclare :

« Peut-on rien éviter
De ce qu'a décrété la puissance des dieux ? »

(II, II, 26-27)

Et dans la suite d'un discours où éclate une fatuité destinée, pour une part à rendre acceptable au spectateur la scène de l'assassinat, il affirme :

---

45. A. Ernout et A. Meillet : *Dictionnaire étymologique de la langue latine*, article « caedo ». Selon Pline (7, 47) et Nonius Marcellus (Éd. W.M. Lindsay 566, 26), *Caesar* est expliqué par « *a caeso matris utero* » ou « de l'utérus coupé de sa mère » et l'on trouve dans Festus (50, 7) « *caesares dicti quia caesa matri nascuntur* » ; « ils sont dits César parce qu'ils naissent d'une mère coupée ».

« [...] Le danger sait fort bien
Que César est encore plus dangereux que lui :
Nous sommes deux lions mis bas le même jour :
Et moi je suis l'aîné, je suis le plus terrible. »

(II, II, 44-47)

En cet endroit César, né le 12 juillet 100, s'identifie donc expressément au soleil en domicile dans le signe zodiacal du Lion. Au reste, dès le premier acte, Cassius avait, à deux reprises, comparé César à un lion :

« Maintenant, je pourrais te signaler un homme
Semblable de tout point à cette horrible nuit :
Il lance des éclairs, il tonne, ouvre les tombes,
Rugit tel le lion qu'on garde au Capitole. »

(I, III, 72-75)

Et, dans la même scène, il disait de César :

« S'il est lion, c'est que nous sommes faons craintifs. »

(I, III, 106)

et il poursuivait en évoquant Rome transformée en *brasier* pour illuminer César.

Fig. 6. — Aphruimis, génie du premier décan du Lion.
J. Engel, *Astrolabium planum*,
Images astrologiques des degrés du zodiaque.

On s'étonne parfois que la tragédie soit intitulée *Jules César*, alors que le véritable héros en serait Brutus. Mais le sujet de la pièce est, pour une part importante, la survie et la vengeance posthume de César, dont le fantôme apparaît à plusieurs reprises à ses assassins.

Il n'est pas hors de propos de rappeler ici les paroles que le poète Ovide prête à la déesse Vesta, dans *les Fastes* (III, 697-710) :

> « Je m'apprêtais à passer sous silence les glaives qui tuèrent le prince, lorsque Vesta, de son chaste foyer s'exprima ainsi "N'hésite pas à les rappeler ; c'était mon prêtre, c'est moi que ces mains sacrilèges frappèrent avec le fer. Je l'enlevais et ne laissais derrière lui que son apparence ; ce qui tomba par l'épée était l'ombre de César.
> Transporté au ciel il vit le sanctuaire de Jupiter et il possède dans le grand Forum un temple qui lui est consacré. Mais tous les impies audacieux qui, défiant la volonté des dieux, profanèrent la tête du Pontife, sont couchés dans la mort, la mort qu'ils méritaient. En portent témoignage Philippes et ceux dont les os blanchissent le sol. Tel fut l'œuvre de César (Auguste), son devoir ; venger son père par de justes armes. »

Nous croyons que, dans l'esprit de Shakespeare, il ne faisait aucun doute que les événements de Macédoine faisaient partie intégrante de l'histoire de Jules César, que celle-ci, sur le plan humain, ne prenait fin qu'à la bataille de Philippes. La place centrale que César ne cesse d'occuper dans la pièce se trouve soulignée par le fait, que juste avant d'être assassiné, pour expliquer à Cassius qu'il ne peut gracier Publius Cimber, il se compare lui-même à *l'étoile polaire* :

> « *But I am constant as the northern star.* »
>
> (III, I, 60)

Et le *milieu* même de la tragédie, si on compte les lignes dans l'édition Arden, correspond au retournement de situation qui résulte du fait que Brutus autorise Marc Antoine à prendre la parole et Cassius dit alors : avec une juste prémonition de la suite des événements :

> « *I know not what may fall : I like it not.* »
>
> (III, I, 243)

« Je ne sais ce qui peut advenir, cela ne me plaît pas. »

Il est d'ailleurs remarquable que, pour que le meurtre de

César devienne acceptable aux yeux de Brutus, il a eu besoin de l'envisager comme un sacrifice sanglant. Et il déplore d'être obligé de verser le sang pour tuer l'esprit (II, i, 168-170). Une idée fausse analogue s'emparera de l'imagination d'Othello, au moment où il décidera de tuer Desdémone (mais il s'agira alors d'un sacrifice non sanglant, prenant la forme de l'étouffement). Toute une symbolique du sang, mis en relation avec le feu, la lumière, l'or solaire, et, qui, pour une part, vient directement de Plutarque, se trouve associée au personnage de Jules César et doit croyons-nous, être rapprochée du fait que le personnage représente le Soleil, en domicile dans le signe du Lion. Plusieurs critiques ont vu l'importance de ce groupe d'images, sans pour autant en discerner les implications astrologiques. C'est le cas en particulier de G. Wilson Knight, dans les deux essais sur *Jules César* qu'on trouve dans son livre *The Imperial theme*. Ce critique a vu aussi que, dans la pièce le *cœur* (autre symbole du Lion), est constamment mis en relation avec l'or : c'est ainsi que Brutus parle de « *monnayer son cœur* » et de « *changer goutte à goutte, son sang en drachmes* » (IV, iii, 72-73).

D'autre part, de nombreuses références aux yeux, à la vision, renvoient également à la symbolique de la lumière, cela de manière d'autant plus certaine que, dans les *Hiéroglyphes d'Horapollo*, Dieu est écrit par l'hiéroglyphe du Soleil, Râ : ☉

Nous avons rappelé que la mise à mort du héros solaire était annoncée par des prodiges : signes dans le ciel, comète, animaux sauvages se promenant en liberté dans la Ville, morts qui ressuscitent. Tout cela était dans Plutarque. Il sera question des 33 blessures de César (V, i, 53) ce nombre, avons-nous dit, écrit *L.G.* pour *Leo Gloriosus* (ou, lecture équivalente, *G.L.*, pour *Gloria Leonis*), mais c'est aussi le triple de 11, nombre solaire.

Le sang de César répandu constitue l'image centrale de la pièce, comme le sang de Duncan et la Tête de Méduse sanglante dans *Macbeth*.

Les mots de la famille de *sang*, très nombreux, répandent sur toute la pièce une lueur écarlate. Le relevé des passages importants à cet égard avait été fait par G. Wilson Knight (*op. cit.* p. 45 sq., « The torch of life »).

M. Spevack dans *The Harvard Concordance to Shakespeare*

relève dans *Jules César* 24 occurrences de *blood* (contre 23 dans *Macbeth*) et 10 de *bloody* (14 dans *Macbeth*).

Le sang apparaît déjà dans le rêve prophétique de Calpurnia :

« En rêve, cette nuit, elle a vu ma statue :
   Du sang pur en coulait comme d'une fontaine
   Par centaines de jets : et des Romains en nombre,
   Le sourire à la lèvre, y venaient se baigner [...] »
(II, II, 76-79)

Décius donne de ce rêve une interprétation favorable selon laquelle il voudrait dire :

« ...qu'en César la grande Rome puise
   Un sang rénovateur. »
(II, II, 87-88)

Comme l'a relevé Léo Kirschbaum [45bis], l'horrible rituel des conjurés trempant leurs mains dans le sang de César, déjà décrit dans le rêve de Calpurnia, n'était pas dans le récit de Plutarque ; c'est, semble-t-il, une invention de Shakespeare :

« Alors baissons
   Nos fronts, baignons nos bras dans le sang de César
   Jusqu'au coude... »
(III, I, 105-107)

Puis vient cette étonnante évocation scénique :

« Que de fois on verra saigner sur les théâtres
   Jules César gisant aux pieds du grand Pompée... »
(III, I, 114-115)

Dans sa douleur, Antoine s'adresse au cadavre de César, et dans la suite de la même scène, en quelques vers on trouve :

---

45 bis. Léo Kirschbaum : « Shakespeare's stage blood », *P.M.L.A.* 1949 ; reproduit par Peter Ure dans *Julius Ceasar*, « Casebook series », 1969 (1975).

« *Quel sang reste à verser* » (152) » « *Le plus noble sang de tout cet univers* » (156) et aussi « *whilst your purpled hands do reek and smoke* » (158).

Dans la réponse de Brutus, on relève « *we must appear bloody and cruel* » (165) ; « *bleeding business* » (168).

Rendant hommage à la mémoire de César, Antoine toujours dans la suite de la même scène dit :

> « Si j'avais autant d'yeux que ton corps a de plaies,
> Versant autant de pleurs qu'elles versent de sang »
> (200-201)

Une telle image établit le lien entre le registre de la lumière et celui du sang.

Et lorsqu'il restera seul en présence du cadavre, Antoine dira encore :

> « Ô pardonne-le moi saignant amas d'argile (254)
> [...]
> Malheur au bras qui put verser un sang si riche !
> En cette heure, je le prédis sur ces blessures,
> Bouches sans voix, ouvrant leurs lèvres de rubis... »
> (258-260)

Le sang de César est presque divin, il avait une valeur infinie. Et c'est pourquoi, pour expier leur crime, les conspirateurs devront tous périr. À la scène suivante, Marc Antoine, dans son célèbre discours devant le corps de César, fera encore quatre références à son sang et à ses blessures (III, II, 134/135, 137/138, 182/180, 229/227, 231/229) [46].

Dans toute la pièce, le sang est conçu comme le support de l'esprit et de l'honneur (II, I, 136) ; il est positivemnent apparenté à la lumière. En d'autres termes, l'œuvre de Shakespeare véhicule en ce cas un enseignement très proche de celui des Védas

Toute cette symbolique culminera dans un passage sur lequel

---

46. Les vers ne portant pas les mêmes numéros dans les éditions utilisées nous donnons d'abord le numéro de l'édition des Belles Lettres, suivi de celui de l'édition Arden.

nous reviendrons ; dans lequel Marc Antoine fait de César le *cœur* même de l'univers :

> « *O world, thou wast the forest to this hart*
> *And this, indeed, O world the heart of thee.* »
>
> (III, I, 207-208)

Un autre passage de l'un des discours d'Antoine mérite de retenir l'attention, c'est celui où il déclare :

> « *For Brutus, as you know, was Cæsar's angel.* »
>
> (III, II, 185/183)

Le mot *angel* ne doit pas en cet endroit être pris dans le sens du grec *daimon* : il a probablement pour objet de souligner l'importance de la planète *Mars* dans l'horoscope de César, puisque, ainsi que nous l'avons vu, Brutus, dans cette tragédie en est le représentant.

On peut même se demander si cela ne signifie pas que Shakespeare considérait que, dans le thème de nativité de César, Mars se trouvait en Bélier, ce qui signifierait dans son cas une brillante carrière militaire. Allant plus loin encore dans le sens de cette hypothèse, ne faut-il pas imaginer que Mars en Bélier marquerait l'hérédité de Brutus, fils de César, et que la structure même de la pièce, et la conception des personnages reposerait sur un horoscope supposé de César ? Sans entreprendre de résumer ce qui a été indiqué par Stefan Weinstock dans son *Divus Julius* (Oxford 1971) il faut souligner que le processus de déification de Jules César conduisait, inévitablement, à l'identifier au Soleil. Dès lors, la seule position acceptable du Soleil dans l'horoscope était bien en domicile dans le signe du Lion.

La nature théoriquement « léonine » de Jules César se trouve, en quelque sorte, confirmée par le fait qu'à l'instigation de l'astronome Sosigène, il imposa le calendrier solaire, dit calendrier *Julien*.

13. Calpurnia : la Lune en Verseau

Calpurnia (Bonne et Pure ?), miroir parfait, en raison même

du principe de complémentarité des opposés représente la Lune dans le signe du Verseau, ce qui prédispose au mysticisme et aux visions. Et, en effet, son principal rôle dans la pièce est (II, II) d'essayer de dissuader César de se rendre au Sénat en ce 15 mars, en raison du terrible rêve prémonitoire qu'elle a eu dans la nuit. Mais nous l'avons rappelé, Décius, survenant, donne du rêve en question une interprétation favorable qui renverse la décision de César et causera sa perte.

14. Octave : Jupiter en Balance

On n'a jamais interprété correctement, semble-t-il, un passage, déjà brièvement mentionné, essentiel pour notre propos et où les commentateurs ne voient qu'un jeu de mot un peu précieux et assez banal sur *hart* et *heart*. Certains, comme S.T. Coleridge sont allés jusqu'à contester l'attribution des vers en question à Shakespeare [47].

S'adressant au cadavre de César, Antoine dit :

« Pardonne, Julius ! C'est ici, brave cerf, *[hart]*
Que, forcé, tu tombas, et voici tes chasseurs !
Tout souillés de curée et rougis de carnage
Tu étais univers la forêt de ce cerf,
(Et César, certes ô monde était ton cœur même) [48] *(heart)*

---

47. En effet, faute d'avoir saisi le sens profond de l'alternance *heart/hart*, S.T. Coleridge prétendait qu'il s'agissait d'une interpolation non-shakespearienne. Et, à l'appui de cette thèse, il affirmait qu'on ne trouvait rien de semblable en d'autres endroits de son œuvre. Or, nous avons, en particulier, montré que dans *le Roi Lear* l'opposition de la native du Lion bienveillante (Cordélie) au vil natif des Poissons (Cornouailles) se traduisait par l'opposition de *cor* à *corn*. (*Corn* pouvant aussi se référer à Edmond, natif de la Vierge). D'autre part, dans la même pièce, le remplacement de Lear par Cornouailles correspond à la substitution de *corn* à *crown*. Enfin la complémentarité Cordélie-Kent se marque par le fait que Douvres, qui joue un rôle si important dans la pièce est située précisément dans le *Kent*. (Sur tout cela voir *Struct. symb. R.L.*, spécialement § 16, 26, et 31.)

Nous avons également relevé dans *Titus Andronicus* (ci-dessus, p. 18) un jeu de mot sur *deer* et *dear* qui préfigure celui qui porte sur *hart* et *heart*.

48. « *And this indeed, O world, the heart of thee* », nous traduisons.

> Maintenant, comme un daim, dagué de plusieurs princes
> Tu gis là, sous nos yeux. »
>
> (III, i, 204-210)

Nous avons déjà relevé dans ces vers l'image, essentielle, du *cœur* (que la traduction doit évidemment conserver). Il reste à expliquer l'alternance *heart/hart*.

— Heart : désigne le signe du Lion, domicile du Soleil en relation symbolique avec le *cœur* de l'homme.

— Hart : le cerf est un très ancien symbole de l'automne (après avoir sans doute représenté le soleil levant), il renvoie au signe de la Balance [49].

Il apparaît d'abord que la Balance était le signe de la *conception* de César, et on sait que les Anciens accordaient autant d'importance au signe de la conception qu'à celui de la naissance.

Mais, en réalité, c'est Octave, qui succédera à César et deviendra Auguste, qui est représenté par le Cerf. Plus précisément, Octave représente Jupiter en Balance (ce qui signifie « amitié entre gens de haute situation », description de son alliance momentanée avec Antoine),

Ainsi l'alternance *heart/hart* qui traduit celle du latin *Cor-cordis/Cornu-cornus* décrit aussi le fait que le cœur-cerf mis à mort revivra dans son fils adoptif Octave. Remarquons d'ailleurs que l'Arcane VIII du Tarot, *La Justice*, qui renvoie au nom d'Octave est précisément en relation avec le signe de la Balance (puisque la balance est l'attribut de Thémis).

Nos déductions sont confirmées par deux passages du livre IV des *Astronomica* de Manilius, dans le premier on lit :

> « Quand les pinces de l'automne commencent à se lever, il est béni celui qui est né sous l'équilibre de la Balance. Juge il établira une Balance qui pèsera la vie et la mort ; il imposera le poids de son autorité et fera des lois. Les villes et les royaumes trembleront devant lui et seront gouvernés par un seul commandement, tandis qu'après son séjour sur terre l'administration du ciel lui incombera. »
>
> (IV, 547-552)

---

49. Voir notre *Géographie sacrée du monde grec*, 1974, p. 154 et p. 196 et notre article sur « L'ancien calendrier chypriote et la géographie sacrée de l'Île de Chypre », *L'Astrologue*, n°s 45-46, 1er sem. 1979, p. 71-83. Voir *l'Espace grec transfiguré* (à paraître chez G. Trédaniel).

Les commentateurs indiquent en cet endroit qu'il s'agit bien d'Auguste, né le 22 septembre 63 avant J.-C. [50].

Un second passage du même livre des *Astronomica* dit d'ailleurs :

> « L'Italie appartient à la Balance, son véritable signe ; c'est sous lui que furent fondées Rome et sa souveraineté sur le monde, Rome qui contrôle le devenir des choses, élevant ou abaissant les nations placées sur les plateaux de la Balance. »
>
> (IV, 773-775)

À propos de l'horoscope d'Auguste, il convient aussi de citer une page célèbre de Suétone :

> « Durant sa retraite à Apollonie, Auguste était monté, en compagnie d'Agrippa, à l'observatoire de l'astrologue Théogène, Agrippa le consulta le premier, mais, comme Théogène lui faisait des prédictions magnifiques, presque impossibles à croire, Auguste se refusait obstinément à lui fournir des indications sur sa propre naissance, de peur d'être humilié par des révélations moins brillantes. Lorsque, après maintes prières, il y eut consenti, en hésitant, Théogène s'élança de son siège et se prosterna devant lui. Plus tard, Auguste eut une si grande confiance dans ses destinées qu'il fit publier son horoscope et frapper des pièces d'argent portant le signe du Capricorne, sous lequel il naquit. »

(Suétone : *Divus Augustus*, XCIV, *Vies des Douze Césars*, t. I, trad. Henri Ailloud, P. Belles Lettres, 1931.)

Les célèbres monnaies à l'effigie du Capricorne représentaient le signe de la *conception* d'Auguste [51].

En marge de la tragédie de Shakespeare, on peut rappeler un autre passage de Suétone :

> « À Philippes, un Thessalien lui prédit la victoire, de la part du divin César, dont le fantôme s'était présenté à lui dans un chemin écarté. »
>
> (*Ibid.*, § XCVI)

---

50. Manilius : *Astronomica*, éd. G.P. Goold, The Loeb classical Library, 1977, n.p. 266.

51. Voir dans notre *Géographie sacrée dans le monde romain* les fig. 82 et 82 bis.

15. Les quatre tempéraments

Si on envisage le système constitué par Shakespeare à travers les personnages de la tragédie, on constate qu'il y associe et oppose les représentants des deux maléfiques, Saturne et Mars ce sont Cassius et Brutus, chefs des meurtriers de César ; tandis que les deux vengeurs Antoine et Octave sont associés respectivement à Mercure et à Jupiter. Il apparaît d'ailleurs que le poète n'a pas connu en détail le thème de nativité d'Octave Auguste car, dans ce cas, il aurait probablement interverti l'attribution des planètes bénéfiques (Jupiter et Mercure). Il s'est semble-t-il, contenté de l'indication selon laquelle le futur empereur était natif du signe de la Balance.

Le système épouse donc les axes des équinoxes et des solstices et s'établit ainsi :

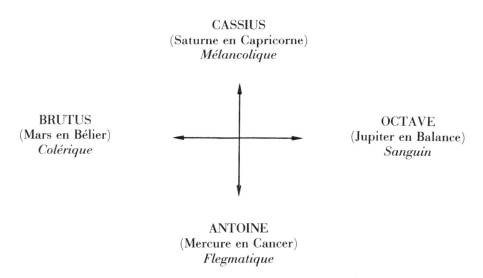

Comme nous l'avons précédemment établi, un tel quatuor se retrouve dans *Le Roi Lear* [52] : il n'est pas sans intérêt d'indiquer ici les correspondances qu'on peut établir :

---

52. *Struct. symb. R.L.*, § 32 et tableau p. 113.

Signe du Zodiaque	Elément	Tempérament	Personnages	
			de *Jules César*	du *Roi Lear*
Bélier	Feu	Colérique	Brutus	Lear
Cancer	Eau	Flegmatique	Antoine	Régane
Balance	Air	Sanguin	Octave	Albany
Capricorne	Terre	Mélancolique	Cassius	Gloucester

Comme nous avions essayé de l'établir de façon détaillée, dans *le Roi Lear*, tous les éléments jouent tous un rôle. Dans *Jules César* domine la triplicité du feu, et toutes les images qui s'y rapportent. D'autre part, la symbolique des métaux, en relation avec les planètes contribue à donner à la pièce sa tonalité particulière.

16. La série planétaire

Si nous examinons comment se constitue dans la pièce la série planétaire nous trouvons, en suivant l'ordre des jours de la semaine :

CÉSAR	Le Soleil en domicile en Lion	L'or
CALPURNIA	La Lune en Verseau	L'argent
BRUTUS	Mars en domicile en Bélier	Le fer
ANTOINE	Mercure en Cancer	Le mercure
OCTAVE	Jupiter en Balance	L'étain
PORTIA	Vénus en Sagittaire	Le cuivre
CASSIUS	Saturne en domicile en Capricorne	Le plomb

Les sept métaux ne sont pas effectivement nommés dans la pièce, mais on y relève des références plus ou moins explicites à quatre d'entre eux l'or, le fer, le mercure et le plomb.

Trois personnages sont décrits par des planètes en *domicile*, ce sont César, Brutus et Cassius. C'est une manière de souligner qu'ils sont les plus importants. En ce qui concerne Antoine, Mercure n'est pas en domicile : le personnage posait en quelque sorte le problème de la « quadrature du septénaire », puisqu'il s'agissait, en même temps de faire apparaître les quatre tempéraments.

Dans la majorité des cas, le caractère même des personnages renvoie à un signe zodiacal. Nous avons en outre relevé, dans quatre cas, d'intéressantes confirmations en relation avec la symbolique zodiacale des parties du corps humain : César représente le *cœur* du monde (Lion) ; Portia se blesse volontairement à la *cuisse* (Sagittaire) ; Casca s'identifie à son *pied* (Poissons).

Ajoutons que Brutus est à la *tête* de la conjuration (Bélier).

En comparant par exemple *Jules César* au *Roi Lear* ou à *la Tempête*, on voit que, dans l'apparente rigidité du cadre astrologique, il suffit de faire varier l'âge, le sexe des personnages, la répartition des planètes dans les signes, les conditions sociales, pour obtenir une variété qui est le reflet même de celle de la vie. En même temps, la connaissance du substrat astrologique de la pièce donne toute leur saveur et leur pleine portée aux nombreuses images et métaphores, qui constituent en réalité un système rigoureux, car loin d'être, comme on l'a parfois prétendu, arbitraires ou incohérentes, elles ont valeur d'intersignes et sont étroitement liées, tant à la conception des personnages qu'au déroulement de l'action.

À notre avis la présence d'une symbolique astrologique aussi élaborée dans *Jules César* suffirait à prouver que l'auteur de cette tragédie est bien aussi celui qui a écrit *Macbeth, Othello, le Roi Lear* et *la Tempête*.

Le point de départ de la pièce, comme souvent dans le théâtre de Shakespeare, a pu être une *méditation sur les noms* de César, Brutus et Cassius, conçus à partir de la lecture de Plutarque comme des représentants du Soleil, de Mars et de Saturne.

CHAPITRE III

DEUX FIGURES ASTRALES
DANS LA BOUE D'ÉGYPTE :
ANTOINE ET CLÉOPÂTRE

à Vanghelis Moutsopoulos

17. LE CIEL ET LA BOUE

Antoine et Cléopâtre (A. C.) [53] qu'on date de 1607 succède à *Othello* (1604) et à *Macbeth* (1606) ; même s'il subsiste quelque incertitude en ce qui concerne les dates exactes de composition des pièces nommées, le fait important pour nous est que, sur le plan de la conception et de la thématique astrologique, elles présentent entre elles des ressemblances. Le protagoniste d'*Othello*, marqué par le Sagittaire, est victime de l'étoile Antarès [54], la fatalité qui pèse sur Macbeth s'identifie très largement à l'étoile Algol, tandis que sa femme est victime de l'étoile α *Serpentis* (région du Scorpion) [55]. Or nous allons, dans *A.C.* retrouver le Sagittaire, le Scorpion et Algol.

La pièce, un peu comme *Coriolan*, peut recevoir deux interprétations, sinon complètement contradictoires, du moins

---

53. Éditions employées : *Antony and Cleopatra*, edited by M.R. Ridley, The Arden Shakespeare, 1967 (1976) : traduction française de Georges Lambin, coll. Shakespeare, Les Belles Lettres, 1920 (1967). La plupart de nos citations sont prises dans le texte anglais.
54. *Prestiges et damnation...*, p. 84-88.
55. *Ibid.*, p. 61-64 et 76-79.

divergentes et difficilement conciliables, parce que ses personnages représentent (ou prétendent représenter) tantôt des êtres humains et tantôt des entités abstraites ne possédant guère qu'une personnalité astrale. La force, l'intensité de certaines scènes tient en partie au fait que par moments la fusion entre le côté humain de l'expérience décrite et son aspect mythique est presque parfaite.

L'illusion fondamentale, qui est à la fois celle du pouvoir temporel et de l'existence du monde, est dénoncée dès les premières lignes de la pièce par les lignes fameuses, dans lesquelles Antoine décrit ce qui sera, plus tard, la conception « romantique » de l'amour :

> « *Here is my space*
> *Kingdoms are clay : our dungy earth alike*
> *Feeds beast and man ; the nobleness of life*
> *Is to do thus...* » [Embracing]
>
> (I, i, 34-37)

> « Voici mon Univers ! Tout royaume est d'argile
> Notre terre nourrit de sa fange homme et bête :
> Pour vivre noblement, il faut faire ceci... »
>
> *[Il l'embrasse]*

Cette manière de « donner le ton » de la pièce signifie que, dès le début, les protagonistes ne sont pas conçus comme tellement différents de ceux de *Roméo et Juliette*, ce que confirmera d'ailleurs la ressemblance entre les dénouements des deux pièces. (Le rapprochement a souvent été fait.) Mais Roméo comme Juliette sont des enfants qui s'aiment, tandis qu'*A.C.* nous montre de vieux amoureux ridés et grisonnants, au bord de la décrépitude.

18. Cléopâtre, le Scorpion ; la noirceur et le Serpent

La tragédie repose, pour une part non négligeable, sur une série de dichotomies élémentaires, qui, en fait, résument les conditions même de la vie sur notre planète, du type jour/nuit, soleil/lune, mâle/femelle, Mars/Vénus [56], Bacchus/Ariane, qui se résolvent et s'affinent en une opposition Scorpion/Sagittaire, symbolisée par les images du Serpent et du Cheval et finalement au point de vue stellaire et mythique on parvient comme nous l'allons démontrer en plusieurs temps, à une opposition-complémentarité Hercule-Ophiucus. (Le *Serpentaire* était assimilé à un Psylle ou Charmeur de serpents de Libye.)

Ophiucus *(fig. 10)* est d'ailleurs étroitement emmêlé au *Serpent* [57].

Or il suffit d'examiner une représentation figurée des constellations de l'automne, comme par exemple celle de Durer *(fig. 8)* pour vérifier le voisinage d'Hercule et d'Ophiucus, mélangé au Serpent.

Dès la cinquième scène du premier acte, Cléopâtre imagine Antoine se demandant à propos d'elle :

« *Where's my serpent of old Nile ?* »

(I, v, 25)

À ce propos d'ailleurs il n'est pas sans intérêt de rappeler que le *Nil* était un nom de la constellation du fleuve *Eridanus*, située dans la région zodiacale du Taureau [58], à l'opposé du Scorpion et d'Ophiucus *(fig. 7)*.

Fig. 7. — *Eridanus ou Nilus* Hygin, Bâle, 1549.

---

56. En ce qui concerne l'assimilation d'Antoine à Mars, les principaux passages sont I, i, 4 et II, v, 118. Cléopâtre est comparée à Vénus à propos du récit de la croisière sur le Cydnus (II, ii, 200). Voir, de James Dauphiné, *Les Structures symboliques dans le théâtre de Shakespeare*, Les Belles Lettres, 1983, p. 204-205.

57. Richard Hinckley Allen : *Star names, their lore and meaning*, 1899 (New York, 1963), p. 298. les astronomes modernes ont scindé Ophiucus en trois constellations : *Ophiucus, La Tête du Serpent, La Queue du Serpent*.

58. *Ibid.*, p. 216.

De manière péjorative, Cléopâtre est traitée de *gypsy* par Philo, au début de la pièce (I, i, 4) dans un passage où Antoine, lui, est décrit comme *plated Mars* (« Mars en harnois »).

Et lorsque Antoine se croira trahi par la reine, il dira, à son tour :

« *this false soul of Egypt*
[...] Like a right gipsy... (Beguil'd me)

(IV, xii, 28)

Le mot doit d'abord être entendu au sens étymologique, puisque *gipsy* est une forme condensée de l'adjectif *Egyptian*. Toutefois, dans les emplois cités, divers sens figurés sont implicites, qui vont dans le sens d'une référence à la *noirceur* physique et morale. Pour désigner, par exemple, une personne au teint basané et aux yeux noirs étincelants (« swarthy complexion and black sparkling eyes » dit le *Universal Dictionary of the English language*) ou bien, au sens figuré « a cunning rogue », une coquine rusée. (*Oxford Dictionary of the English language*, voir tout l'article « gypsy ».)

La noirceur de la peau ou même une peau simplement foncée, dans le théâtre de Shakespeare, dénote toujours la méchanceté et la turpitude : en témoignent Aaron [59], de *Titus Andronicus* ou Othello.

En outre, Cléopâtre, comme Tamora (dans *Titus Andronicus*) et lady Macbeth, est associée à Diane-Hécate, identifiée à la Lune.

Le sceau lunaire sur Cléopâtre est marqué par plusieurs allusions. Alexas apporte à la reine, de la part d'Antoine une *perle d'orient* (I, v, 41), ce qui revient à assimiler Cléopâtre à l'astre des nuits (Antoine représentant alors le soleil).

Dans son désespoir, Antoine dira :

« *Alack, our terrene moon*
Is now eclips'd, and it portends alone
The fall of Antony ! »

(III, xiii, 153-155)

---

59. Dans notre premier chapitre, nous avons mis Aaron en relation avec le Scorpion. Richard Hinckley Allen indique que ce nom est en outre un de ceux donnés à *Ophiucus* (*op. cit.*, p. 299). Voir ci-dessus p. 14.

Fig. 8. — Albert Durer : les constellations, de la Balance au Capricorne.

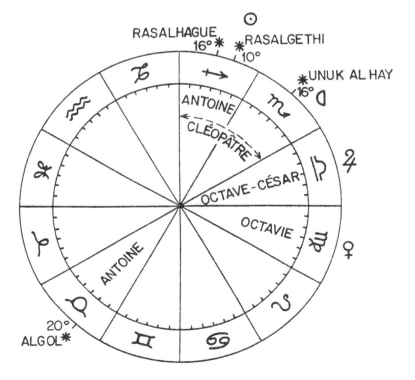

Fig. 9. — Schéma zodiacal et stellaire d'*Antoine et Cléopâtre*.

« Celle qui fut, hélas !
Notre lune sur terre, est dans sa pleine éclipse :
Ce seul présage dit qu'Antoine va tomber. »

Le renoncement symbolique de Cléopâtre à la lune, veut dire qu'elle abandonne ses pouvoirs magiques et maléfiques. Elle déclare :

« *Now the fleeting moon
No planet is of mine* »

(V, II, 238-239)

cela signifie aussi qu'elle rejette l'inconstance de l'astre des nuits, pour lui préférer la fixité supposée du soleil.

Cependant, lorsqu'elle disait « *it is my birthday* » (III, XIII, 185) cela, croyons-nous, se référait au Soleil en Scorpion et quand on amène auprès d'elle Antoine agonisant, elle demande au soleil de consumer le monde (IV, XV, 9-10). Il est probable que les deux amants meurent alors que le soleil est dans le Sagittaire et on peut donc considérer que Cléopâtre rejoint Antoine dans cette région zodiacale.

Toutefois, Cléopâtre, à la fin du cinquième acte, qui lui est entièrement consacré, n'en mourra pas moins par le serpent fatal. Auparavant sa servante Iras (la Colère divine ?) l'aura invitée à s'enfoncer dans l'obscurité :

« *Finish, good lady, the bright day is done,
And we are for the dark* »

(V, II, 192-193)

La reine, elle-même « serpent du vieux Nil » choisira de mourir de la piqûre d'un serpent (« *the pretty worm of Nilus* », V, II, 203). Elle ira jusqu'à assimiler l'animal venimeux à un bébé qui tête :

« *my baby at my breast* »

(V, II, 308) *(fig. 15)*

Dans toute cette scène, la recherche de la mort prend un caractère rituélique et une lourde sensualité engendre une sorte de cérémonial érotique. Les suivantes de la reine l'imitent et l'accompagnent dans la mort.

C'est à la lumière de ce dénouement que prend toute sa valeur prémonitoire l'étrange conversation entre Antoine et Lépide, au second acte, où il est question des serpents d'Égypte :

> « Lépide : Vous avez d'étranges serpents là-bas.
> Antoine : Oui, Lépide.
> Lépide : Votre serpent d'Égypte est engendré de votre boue par l'opération de votre soleil, votre crocodile aussi.
> Antoine : C'est exact. »
>
> (II, VII, 24-28, trad. Georges Lambin)

Les diverses indications tirées du texte que nous venons de regrouper permettent d'identifier les étoiles qui interviennent dans le destin de Cléopâtre.

Comme Goneril (du *Roi Lear*), Lady Macbeth, la Reine dans *Cymbeline*, elle est marquée par le Scorpion, signe d'*eau* et comme les trois autres personnages féminins, elle mourra par suicide...

Autour du personnage, en relation avec l'élément humide, se développe et s'élabore toute une thématique du pourrissement, bien mise en évidence par D.A. Traversi [60]. L'ensemble est caractéristique du Scorpion et a pour pendant moral une perversité fondamentale. C'est ainsi que la duplicité et la trahison font à un tel degré partie du personnage de Cléopâtre (et sont à ce point acceptées par l'auteur et par son public) qu'à aucun moment Antoine n'adresse de reproche à Cléopâtre pour avoir provoqué son suicide par un mensonge. Harold Goddard [61] a établi un intéressant parallèle entre Othello et Cléopâtre qui l'un comme l'autre tuent l'objet aimé, Desdémone et Antoine étant

---

60. D.A. Traversi : *An approach to Shakespeare*, p. 252-253. L'auteur souligne le caractère précaire de l'équilibre auquel correspond la maturité et la fertilité. En effet, il ne tarde pas à se rompre et alors apparaissent la décrépitude et le pourrissement.

61. John Russel Brown, *Antony and Cleopatra*, Casebook, 1967 (1979). Le texte de Harold C. Goddard est intitulé « Cleopatra's artifice » et le parallèle entre la reine et Othello figure p. 140-141.

victimes à la fois de leur partenaire, de l'amour et de leur mauvaise étoile.

Cependant dans son aspiration finale à l'immortalité et à la rédemption, Cléopâtre déclare renoncer à la boue du Nil, ce mélange de terre et d'eau :

> « *I am fire and air, my other elements
> I give to baser life* »
>
> (V, II, 288-289)

ce qui suffirait à montrer avec quel discernement la thématique des éléments est mise en œuvre dans la pièce.

L'étoile fatale de la reine est probablement Unukalhay (α *Serpentis*) qui, selon Robson [62] engendre immoralité, accidents, dangers de poison et de violence. C'était aussi l'étoile de lady Macbeth.

Dans son horoscope, la lune est probablement conjointe à cette étoile, en opposition à Algol de l'horoscope d'Antoine (voir la *fig. 9*). Mais il convient aussi, croyons-nous, de considérer l'étoile Rasalhague (α du Serpentaire) qui suscite également danger et menace d'empoisonnement [63]. Elle est proche de Rasalgethi (α de la tête d'Hercule) qui, nous le verrons dans un instant, représente Antoine. Cette dernière étoile présage énergie et succès, mais aussi danger de mort violente [64].

Sur notre schéma, nous avons marqué les positions de ces deux étoiles localisées dans le Sagittaire à l'époque de Shakespeare : elles y figurent, en quelque sorte les deux protagonistes d'*A.C.*, nous y reviendrons.

Andrew C. Bradley s'extasiait devant la richesse du personnage de Cléopâtre qu'il n'hésitait pas à mettre en parallèle avec ceux de Falstaff et de Hamlet, quant à la profondeur. Seul un mécanisme d'irrésistible fascination peut expliquer, en effet, qu'on ne s'étonne même pas de la voir essayer, presque jusqu'au bout, de séduire Auguste. Mais le « charme » du personnage, l'espèce de vertige qu'elle suscite, l'apparentent plutôt à l'abîme !

---

62. *Astrologie*, numéro spécial *Les Étoiles fixes*, 1930, p. 88.
63. *Ibid.*, p. 91.
64. *Ibid.*, p. 91.

Disons encore pour clore cette partie de notre étude que dans l'*Astrolabium planum* d'Engel, que Shakespeare avait sans cesse à portée de la main, l'image du 30ᵉ degré du Scorpion *(fig. 11)* est un Grand Serpent.

Fig. 10. — *Ophiucus*, Bâle. 1549.

Fig. 11. — *Astrolabium planum*, image du 30ᵉ degré du Scorpion.

19. Antoine cavalier et homme-cheval. Le Sagittaire

Antoine est conçu comme un *cavalier*. Les combats maritimes lui sont contraires ; d'abord lors de la célèbre défaite navale d'Actium, où il s'enfuit à la suite de la galère de Cléopâtre sans livrer combat, ensuite lors de l'engagement sur mer devant Alexandrie, action qui scellera son destin. Il n'écoute pas le soldat qui lui dit « *do not fight by sea* » (III, vii, 61) et qui, après avoir parlé inutilement, invoque Hercule. À peine le combat est-il annoncé qu'il est déjà perdu, dans la présentation volontairement schématique et ramassée qu'en donne le dramaturge :

« *My fleet has yielded to the foe* »

(IV, xii, 11)

Ce qui nous est donné à entendre, c'est que le *fatum* d'Antoine est lié à l'hostilité de l'élément liquide. Il est d'air et de feu, tandis que Cléopâtre représente l'eau variable et trompeuse. Non seulement Antoine est un cavalier, mais c'est une sorte d'homme-cheval, identifié, au moins en partie, à sa monture (comme l'est d'ailleurs le chevalier dans certains textes du Moyen Âge). Dans un étonnant passage, où le cheval n'est pas nommé moins de trois fois, Cléopâtre évoque Antoine absent et l'imagine à cheval :

> « serait-il à cheval ?
> Heureux cheval d'ainsi porter le poids d'Antoine !
> Va fièrement, cheval ! »
>
> (I, v, 20-22)

En dehors du sens érotique évident, certainement très fort, il faut bien voir que le héros est alors conçu comme une sorte d'homme-cheval, autrement dit de Centaure. En d'autres termes, il allégorise son signe natal, celui du Sagittaire.

Cette manière d'envisager les choses est confirmée par un passage, au début de la scène XIV de l'acte IV. Il s'agit d'un dialogue d'Antoine, appréhendant sa fin prochaine, avec Eros, qui représente, en somme l'*Eros funéraire*. Antoine perçoit alors que tout ce qui semble exister n'a pas plus de réalité que les formes changeantes des nuages dans le ciel. Tout d'abord (IV, xiv, 2), il est question d'un nuage « *dragonish* » forme bien voisine de celle du serpent mais un peu plus loin on lit :

> « *That which is now a horse, even with a thought*
> *The rack dislimns, and makes it indistinct*
> *As water is in water* »
>
> (IV, xiv, 9-11)

ce que G. Lambin traduit :

> « Ce qui fut cheval, sitôt conçu,
> La brume nous le lave et l'estompe à nos yeux
> Comme de l'eau dans l'eau »

Ce « cheval » renvoie, une nouvelle fois, au Sagittaire.

Notons que pour les commentateurs, il ne fait pas de doute qu'Antoine parle de lui-même, ce qui résulte du texte même, puisqu'il déclare qu'il est fait de la même substance que les nuages. Mais c'est, plus précisément, aux vapeurs suggérant la forme d'un cheval qu'il s'identifie *(fig. 12)*.

Fig. 12. — Merveilleux nuages, montage
d'après *Astrolabium planum* et Hygin.
(*Sagittaire* et *Dragon*)

20. ANTOINE-HERCULE

Une série d'indications disséminées dans tout le texte, font d'Antoine un « géant » selon l'expression de J. Middleton Murry[65], qu'il soit nommé « *triple pillar of the world* » (I, i, 12) (ce qui veut dire « l'un des trois piliers du monde »), ou bien « *The demi-Atlas of this earth* » (I, v, 23), ce qui est plus exact, car Lepide n'a jamais eu beaucoup d'importance. Mais non seulement Antoine est explicitement identifié à son ancêtre mythique, Hercule, mais il représente sur terre la constellation d'Hercule qui, dans le ciel, est, précisément, située dans la région zodiacale du Sagittaire (voir *fig. 8*), à côté d'Ophiucus, comme nous l'avons déjà signalé.

---

65. John Middleton Murry : « Antony and Cleopatra », Casebook, p. 111-134. Il insiste sur l'analogie des personnages avec le soleil et la lune. le mot *Giant* est appliqué à Antoine, p. 127.

DANS LE CIEL ET LA BOUE D'ÉGYPTE

Dans un passage de la tragédie de Robert Garnier, *Marc Antoine*, le personnage de Lucilius assimilait Antoine, amoureux de Cléopâtre à Hercule chez Omphale. Voici l'extrait, dans la traduction de Mary Herbert, comtesse de Pembroke, d'après l'édition de 1595 :

> Did he not under *Pleasures* burther bow ?
> Did he not Captive to this passion yelde ?
> When by his Captive so he was inflam'd,
> As now yourselfe in *Cleopatra* burne ?
> Slept in hir lapp, hir bosome kist and kiste,
> With base unseemly service bought her love,
> Spinning at distaffe, and with sinewy hand
> Winding on spindles threde, in maides attire ?
> His conqu'ring clubbe at rest on wal did hang :
> His bow unstringd he bent not as he us'de :
> Upon his shafts the weaving spiders spunne :
> And his hard cloake the fretting mothes did pierce.
> The monsters free and fearles all the time
> Throughout the world the people did torment,
> And more and more encreasing daie by daie
> Scorn'd his weake heart become a mistres's play. »
>
> (1216-1231) [65bis]

---

65 bis. *Narrative and dramatic sources of Shakespeare*, edited by Geoffrey Bullough, vol. V, 1964, p. 388. Robert Garnier : *Marc Antoine*, 1578 ; trad. *The Tragedie of Antonie*, Doone into English by the countesse of Pembroke (Mary Herbert-Sidney).

Les vers 1208-1229 du *Marc Antoine* de Robert Garnier apportaient le double tableau des travaux et des faiblesses d'Hercule ; en voici le texte :

> Quoy ? ce fameux Alcide, Alcide la merveille
> De la terre et du ciel, en force nompareille,
> Qui Geryon, Antee, et Lyce a combatu,
> Qui Cerbere attraina, monstre trois fois testu,
> Qui vainquit Achelois, qui l'Hydre rendit morte,
> Qui le ciel souleva de son espaule forte,
> Ne ploya sous le faix de cette volupté ?
> De cette passion ne se veit pas domté ?
> Quand d'Omphale captif, Meonienne Royne,
> Il brusloit comme vous de Cleopatre, Antoine,
> Dormoit en son giron, luy baisottoit le sein,
> Achetoit son amour d'un servage vilain,
> Tirant à la quenouille et de sa main nerveuse
> Retordant au fuzeau la filace chambreuse.

Avec une suprême habileté, Shakespeare a transposé cette donnée dans un récit de Cléopâtre à la scène V de l'acte II (22 sq.) ; elle y décrit un épisode de ses amours avec Antoine en se montrant implicitement dans le rôle d'Omphale, ce qui entraîne l'assimilation d'Antoine à Hercule. Après l'avoir enivré, dit-elle : « Je lui fis prendre ma coiffure et ma robe / Et ceignit son épée / Celle de Philippe. »

> « [...] *Then put my tires and mantles on him, whilst*
> *I wore his sword Philippan.* »
>
> (II, v, 22-23)

Dans une scène de jalousie, Cléopâtre traite aussi son amant de « *Herculean Roman* » (I, III, 84).

Mais c'est à partir du moment où Antoine court visiblement à sa perte que se multiplient les références à Hercule. Il est dit à l'acte III (XIII, 145) que ses bonnes étoiles abandonnent Antoine. Et, à la scène III de l'acte IV, on entend sous terre une mystérieuse musique ; un soldat connaît intuitivement le sens de cette manifestation surnaturelle :

> « *Tis the god Hercules, whom Antony lov'd,*
> *Now leaves him* »
>
> (IV, III, 15)

Sa masse domteresse aux solives pendoit,
Son arc comme jadis encordé ne tendoit,
Sur ses fleches filoit la mesnagere araigne,
Et son dur vestement estoit percé de teigne.
Les monstres, à plaisir, sans crainte cependant
S'alloyent multipliez par le monde espandant :
Les peuples tourmentoyent mesprisant sa mollesse
Et son cœur amoureux, esbat d'une maistresse.

Le même sujet était traité par R. Garnier dans les vers 941-964 d'*Hippolyte* (eux-mêmes inspirés des vers 317-329 d'*Hippolytus*). Il a aussi utilisé la *Lettre de Déjanire à Hercule* de la 9ᵉ *Héroïde* d'Ovide.

Le parallèle entre Cléopâtre et Omphale avait déjà été fait par Plutarque dans son *Parallèle de Démétrius et d'Antoine*.

Voir l'édition Raymond Lebègue des *Œuvres complètes* de Robert Garnier (t. III, 1974 : *Marc Antoine* et *Hippolyte*), et la note p. 228.

À l'acte IV, Antoine furieux et désespéré est persuadé qu'il est victime de la trahison de Cléopâtre, ce qui suscite ces paroles :

« [...] *Eros ho !*
The shirt of Nessus is upon me, teach me,
Alcides, thou mine ancestor, thy rage
Let me lodge Lichas on the horns o' the moon,
And with those hands that grasp'd the heaviest club,
Subdue my worthiest self. The witch shall die,
To the young Roman boy she hath sold me, and I fall
Under this plot : she dies for' it, Eros ! ho ! »

(IV, XII, 42-49)

« Eros ho ! La tunique
de Nessus est sur moi ! Donne-moi donc, Alcide
Toi mon ancêtre, une fureur comme la tienne !
Fais-moi lancer Lichas aux cornes de la lune !
Tes mains qui ont brandi les plus lourdes massues,
Qu'elles détruisent le plus noble de moi-même !
À mort, cette sorcière ! Au jouvenceau romain
Elle m'a vendu, moi ! C'est sous ce complot-là
Que je tombe ; il faut donc qu'elle en meure. Eros ! ho ! »

Ainsi, Antoine veut tuer Cléopâtre et se détruire lui-même. L'analogie entre la reine et Lichas qui, en toute innocence remit à Hercule la tunique de Nessus, n'est pas convaincante. Importe surtout le fait que le héros vaincu va se suicider comme son ancêtre mythique. Nous avons vu qu'il appartient bien à un signe de feu, celui du Sagittaire et on peut rappeler à ce propos qu'à la fin de son *Hercule sur l'Oeta*, Sénèque disait : « *Le feu même est devenu l'un des travaux d'Hercule.* »

21. ANTOINE, MARS ET ALGOL

En raison même du fait qu'Antoine est un général et un conquérant, il se trouve, nous l'avons signalé déjà, associé à Mars et cela dès le début de la pièce (I, I, 4).

Par ailleurs, une indication importante est apportée par un passage de la scène V de l'acte II, où Cléopâtre dit de lui :

> « *Though he be painted one way like a Gorgon,*
> *The other way's a Mars !*
>
> (II, v, 117-118)
>
> « S'il paraît d'un côté sous les traits de Gorgone,
> De l'autre c'est un Mars ! »

Outre le sens métaphorique apparent, il convient de donner à ces vers tout leur sens astrologique. C'est là un des deux endroits dans l'œuvre de Shakespeare où est mentionnée la *Gorgone*. Nous avons étudié l'autre passage, qui est la scène dans laquelle Macduff découvre l'horrible forfait commis par Macbeth, le meurtre de Duncan. nous avons montré à ce propos qu'il s'agissait d'une référence à l'étoile violente Algol (de la région du Taureau), qui scelle le destin de Macbeth [66].

Le passage d'*A.C.* a une signification comparable ; il indique nécessairement que dans l'horoscope d'Antoine il existe un aspect néfaste entre Algol et Mars. Il ne peut s'agir d'une conjonction, car l'élongation par rapport au Soleil serait trop grande, donc il faut envisager une opposition avec Mars dans le Scorpion, alors conjoint à Vénus et à la Lune du thème de Cléopâtre, ainsi qu'à α *Serpentis*. L'opposition Algol-Mars ne peut annoncer qu'une mort funeste.

22. Le rêve cosmique de Cléopâtre : Anton/Autumn

Dans la scène II de l'acte V d'*A.C.* un remarquable passage vient confirmer ce que nous indiquons dans la présente étude. Après la mort d'Antoine, Cléopâtre a un grand rêve qu'elle raconte :

> « *I dreamt there was an Emperor Antony* [...]
> *His face was as the heavens, and therein stuck*
> *A sun and moon which kept their course, and lighted*
> *The little O, the earth.* [...]
> *His legs bestrid the ocean, his rear'd arm*
> *Crested the world : his voice was propertied*
> *As all the tuned spheres, and that to friends :*

---

66. *Prestiges et damnation...*, p. 55-60.

> *But when he meant to quail and shake the orb*
> *He was as rattling thunder. For his bounty*
> *There was no winter in 't : an autumn 'twas*
> *That grew the more by reaping : his delights*
> *Were dolphin-like, they show'd his back above*
> *The element they lived in : in his livery*
> *Walk'd crowns and crownets : realms and islands were*
> *As plates dropp'd from his pocket.* »
>
> (V, II, 76, 79-92)

Ce remarquable passage a suscité sous la plume de G. Wilson Knight une page de critique lyrique, il est indéniable, en effet, qu'Antoine y devient l'image de l'Homme cosmique : nous traduisons :

> « Antoine est "mort". Mais Cléopâtre rêve cependant d'un Antoine qui est lui-même un univers, d'un univers assimilé à Antoine. L'amour a transcendé les lumières humaines. Son feu a enflammé l'homme avec une telle intensité que le soleil, la lune et la terre ne sont que des éléments de sa gloire, ou réciproquement, le vaste univers personnifié devient l'Amant. L'homme est divinisé, son aspect est comme l'immense visage d'un ciel illuminé par le soleil et par la lune et cette terre n'est plus qu'une tête d'épingle par rapport à l'immense stature de l'Homme transfiguré. » [67]

En dépit de notre admiration pour le critique, nous dirons que, dans ce cas, il est demeuré à un niveau assez superficiel de compréhension.

La suite de son commentaire est d'ailleurs plus intéressante, en ce sens qu'il y insiste sur la signification de l'*automne*, saison des fruits et de l'abondance, mise en relation avec la générosité de dons d'Antoine.

Mais ce texte apporte à notre interprétation de la pièce une série de confirmations : elles deviennent évidentes si on prend simplement la peine de se reporter à notre *figure 8*. Nous avons dit qu'Antoine et Cléopâtre représentaient deux êtres cosmiques respectivement identifiables aux constellations Hercule et Ophiu-

---

67. G. Wilson Knight : *The Imperial theme*, 1931 (1975), ch. VII, « The transcendantal humanism of *A.C.* », p. 259.

cus. Si on prend le mot « automne » dans le sens que lui donne Wilson Knight, il faut se référer à l'étymologie généralement acceptée, en relation avec *augere* donc avec la notion d'accroissement et de richesse.

Mais il est aisé de voir que le quart du zodiaque représenté par notre figure *correspond aux constellations que le soleil parcourt en automne* et, spécialement, au Scorpion et au Sagittaire. L'idée de moissonner *(reaping)* semble avoir été suscitée par l'image même d'Hercule au bras levé. Le mot doit être entendu au sens de « récoltant » en général, celui qui cueille, ramasse, fauche et engrange, tout ce qui est mûr *(ripe)*. Une série d'images et d'indications du texte n'offre un sens cohérent que s'il s'agit bien de cette partie du ciel étoilé. Il est question du dos du personnage mythique et, en effet, sur la gravure, on le voit très bien. La référence au *dauphin* renvoie à la constellation de ce nom qui était, à l'époque de Durer et à celle de Shakespeare au début du Capricorne, mais qui à l'époque romaine était dans le Sagittaire *(fig. 14)*. La couronne et la petite couronne font plus particulièrement référence à la constellation de la *Couronne*, juste derrière Hercule *(fig. 8* et *fig. 13)*. (Entre Hercule et le Bouvier.)

Fig. 13. — *Hercule et la Couronne*, ill. éd. Hygin, 1549.

Fig. 14. — *Le dauphin*, ill. éd. Hygin, 1549.

Or faut-il rappeler qu'à l'instant où meurt Antoine, la reine prononce ces mots :

« *The crown of the world doth melt* »

(IV, xv, 63)

ce qui semble impliquer une transformation d'Antoine en astérisme, d'ailleurs conforme à la tradition romaine.

Enfin, les « royaumes et les îles » qui évoquent des pièces d'argent ne peuvent être que les constellations.

Dans la perspective adoptée, le début du passage, où il est question d'un soleil et d'une lune, peut alors donner lieu à une interprétation plus précise sur le plan symbolique. On peut proposer la grille de décryptement suivante :

CLÉOPÂTRE	SCORPION	SERPENTAIRE (+ SERPENT)	LUNE (En Scorpion)	Eau
ANTOINE	SAGITTAIRE (CHEVAL)	HERCULE	SOLEIL (En Sagittaire)	Feu

Nous croyons qu'il serait possible, à partir de cette grille, de commenter et d'éclairer beaucoup de passages d'*A.C.*

Mais la première déduction qu'on en peut tirer, c'est que le soleil et la lune du rêve de Cléopâtre sont les étoiles des deux protagonistes, autrement dit, la Tête du Serpent et la Tête d'Hercule.

Si Cléopâtre a plutôt le statut de constellation, au cinquième acte sa suivante Charmian la voit étoile :

« *O eastern star !* »

(V, ii, 307)

Il existe une étroite affinité entre le passage déjà étudié (IV, xiv, 2-11) où Antoine, dialoguant avec Eros, décrit des nuages et le Songe de Cléopâtre. Dans ces deux endroits de la pièce il s'agit de « visions dans le ciel » et dans un cas comme dans l'autre, il est question des constellations de l'automne. Dans le premier passage, la forme qui est nommée d'abord est celle du Dragon, celle qui vient en dernier est l'illusion d'un Cheval — ce qui renvoie au Dragon et au Sagittaire. (Le Dragon est situé entre Ophiucus et le Dauphin, voir *fig. 8* et *fig. 12*.)

Parmi les formes évoquées, on relève aussi *l'Ours* et le *Lion*, qui ont leurs correspondants dans le ciel (les deux ourses étant d'ailleurs incluses dans le Dragon, *fig. 12*).

23. *Antoine et Cléopâtre* dans le théâtre de Shakespeare

On voit comment le texte d'*A.C.* comporte un réseau complexe d'images et d'allusions qui, toutes, concourent à la signification symbolique. Si bien qu'en suivant des itinéraires différents, parfois assez sinueux, on parvient toujours au même point. Et l'ensemble est une merveilleuse machine, qui parvient à métamorphoser en héros surhumains ce général fatigué, pugiliste, qui a trop longtemps combattu et cette reine qui se prostitue depuis si longtemps dans de somptueux décors. Sur bien des points, le système d'homologies que propose la pièce est à la fois plus précis et plus élaboré qu'il n'y paraît d'abord. C'est ainsi que, de même que Cléopâtre rejoint Antoine dans le Sagittaire, pour y trouver, à sa suite, une mort « glorieuse », qui magnifie leur réciproque amour, il faut souligner qu'Ophiucus, situé à l'époque romaine dans la région du Scorpion, était bien, du temps de Shakespeare, dans le Sagittaire.

Nous avons été frappé, comme d'autres avant nous de la répétition du mot *fortune* dans la pièce et nous avons comparée celle-ci, grâce à la *Concordance* de Harvard, avec *le Roi Lear*, où la Fortune joue un rôle si important.

Dans *Lear*, on trouve 14 fois *fortune*, 3 fois *fortune's*, 6 fois *fortunes*, soit, en tout 23 occurrences.

Les chiffres correspondants pour *A.C.* sont : $25 + 2 + 18 = 45$.

Cela, croyons-nous, est en liaison avec la signification « cosmique » de la pièce. Car il doit être entendu, que, dans l'esprit du dramaturge, la rotation de la Roue de Fortune est l'image de l'horloge céleste représentée par la course du soleil dans le zodiaque, en relation avec le sens astrologique général de son œuvre : le soleil et les astres sont les moteurs visibles du *Fatum*.

Nous n'avons pas tenté de répartir dans le zodiaque les autres personnages de la pièce, comme nous l'avons pu faire assez fréquemment. En effet, nous n'avons pas trouvé d'indications claires à ce sujet. Toutefois, nous supposons qu'il convient de laisser à César Auguste, comme dans *Jules César*, le signe de la Balance qui lui appartient d'après la tradition dont Manilius s'est fait l'écho [68]. Cléopâtre ne pouvant concéder à Auguste le rôle d'arbitre des destinées dit de lui : « qu'il n'est pas la Fortune, mais le Valet de la Fortune » :

« *Not being Fortune, he's but Fortune's knave* »

(V, II, 3)

Nous avons situé Octavie dans le signe de la Vierge.

La pièce s'organise donc bien selon le quart du zodiaque Balance, Scorpion, Sagittaire *(fig. 9)*.

Ultérieurement, il sera peut-être possible de placer certains autres personnages dans les signes vacants. Enobarbus, qui invoque la Lune, appartient peut-être au Cancer. En raison de leurs noms, Eros est peut-être Sagittaire comme son maître, Scarus représenterait les Poissons. Mais ces points n'ont pas d'importance en ce qui concerne l'organisation globale de la pièce.

Dans *Jules César*, Antoine représentait Mercure en Cancer ; ce qui rendait compte pour une part de la mollesse et de la sensualité du personnage. Dans *A.C.*, il est victime de la Vénus taurique et d'Algol. (Mais rien n'empêche de supposer que dans son thème, Mercure est dans le Cancer.)

Un passage d'*A.C.* renvoie explicitement à *Jules César*. C'est celui où Decretas, tenant à la main l'épée d'Antoine, vient annoncer à Auguste la mort de son adversaire. Cela suscite cette réponse :

« *The breaking of so great a thing should make
A greater crack. The round world*

---

68. Voir le chapitre précédent et notre *Géographie sacrée dans le monde romain*, P. Guy Trédaniel, 1985, réf. dans l'index à Auguste (Octave), p. 435.

*Should have shook lions into civil streets
And citizens to their den.* »

(V, I, 14-17)

ce qui renvoie au passage de *Jules César* (II, III, 20-23) où Casca rapporte avoir rencontré un lion près du Capitole, ce qui est un des présages annonçant la mort de César, natif du Lion. Par rapport à Antoine, l'allusion se justifie en raison de l'affinité des deux signes de feu du Sagittaire et du Lion.

Quand on compare *A.C.* à *Jules César* et à *Coriolan* en ce qui concerne la mise en œuvre de la symbolique astrologique, on observe dans la première pièce nommée beaucoup plus de souplesse. Cela tient, croyons-nous, au fait que Shakespeare s'y borne à jouer sur le couple Hercule/Ophiucus (en y introduisant de multiples modulations), alors que *Jules César* reposait sur une structure complexe et ambitieuse mais assez rigide, faisant intervenir d'une part les sept métaux et les sept planètes, d'autre part les quatre tempéraments, et que s'y posait le problème de la quadrature du septénaire, avec un système de deux oppositions superposées à une répartition des planètes dans le zodiaque. Le cas de *Coriolan* est plus simple, mais la raideur fait l'essentiel du caractère des protagonistes. Dans *A.C.*, Shakespeare parvient, avec l'aide de l'astrologie, à donner une dimension mythique à des personnages historiques (déjà convenablement apprêtés par Plutarque). L'illusion de la vie, la vraisemblance « psychologi-

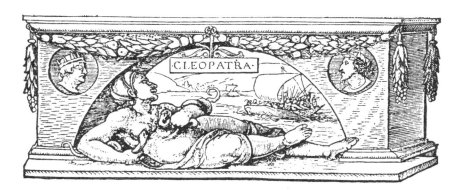

Fig. 15. — Hans Holbein le jeune : *Cléopâtre* (« allaitant » les serpents), 1523.

que », toutefois, tiennent en partie au fait que la complexité du personnage de Cléopâtre permet de multiples interprétations. Mais l'ensemble est d'un très grand maître et nous pensons que c'est la plus réussie des pièces « romaines ».

CHAPITRE IV

L'OLYMPE ET LA TAUPINIÈRE

IMAGES ET PERSONNAGES DANS *CORIOLAN*

Pour Francis Pruner

> *My mother bows,*
> *As if Olympus to a molehill should*
> *In supplication nod...*
> (V, III, 29-31)

24. LES NOMS ET LE PERSONNAGE DE CORIOLAN

Comme c'est souvent le cas, la définition astrologique et donc caractérielle du personnage principal est considérée comme étant « donnée » (ou incluse) dans les noms qu'il porte : le héros de la pièce se nomme *Caius Martius*, surnommé *Coriolan*.

Mars : Il sera donc d'abord conçu comme identifiable à Mars, c'est-à-dire qu'il sera alternativement ou simultanément *le dieu Mars* et/ou *la planète Mars*. Et inévitablement, l'association du dieu et de la planète aboutit à la conception d'un personnage qui, dans son comportement extérieur, se présente comme un redoutable robot, une *machine à combattre et à tuer*, « *a thing of blood* » (II, II, 109) couverte de sang humain, comme le décrit Cominius. Outre ce passage on peut en citer bien d'autres ; c'est ainsi que Volumnia dit de lui :

« *Death, that dark spirit, in's nervy arm doth lie ;*
Which, being advanc'd, declines, and then men die. »
(II, i, 159-160)

« La mort, ce ténébreux fantôme est dans son bras ;
Son bras fort, levé, tombe et donne le trépas. »
(trad. Jules Derocquigny) [69]

Le portrait que Menenius fait de lui à l'acte V (iv, 18-25) comporte aussi des traits remarquables :

« *When he walks, he moves like an engine and the ground shrinks before his treading. he is able to pierce a corslet with his eye, talks like a knell, and his hum is a battery. He sits in his state as a thing made for Alexander (...) He wants nothing of a god but eternity, and a heaven to throne in.* »

« Quand il marche, il s'avance comme une catapulte et le sol a un recul en voyant qu'il va le fouler. Il peut, de l'œil, percer une cuirasse ; sa parole est un glas, son hum ! bat la charge. Il trône comme une image d'Alexandre. Ce qu'il dit qu'on doit faire est une chose faite, sitôt dite. Il ne lui manque de ce qui fait un dieu que l'immortalité et un olympe où trôner. »

La comparaison de Coriolan à un dieu méchant ou au moins inflexible, se retrouve en maints passages de la pièce. À l'acte II (i, 264), un messager rapporte à Brutus qu'il vient de voir les nobles s'inclinant devant lui « *comme devant la statue de Jupiter* ».

Lorsqu'il se met à la tête des Volsces pour attaquer Rome, Cominius dit de lui : « *He is their god* » (IV, vi, 91).

Et dans la scène des « supplications » sa mère lui dit :

« *Thou has affected the fine strains of honour,*
To imitate the graces of the gods... »
(V, iii, 149-150)

---

69. Collection Shakespeare, P. Les Belles Lettres, 1969 (1934), (désigné ci-après par les initiales J.D.).

« ...tu voulus raffiner sur l'honneur
Imiter les grands noms des dieux. »

(trad. J.D.)

et elle le décrit maniant la foudre, tel le maître de l'Olympe ! C'est pour lui que Shakespeare invente le participe passé *godded* (V, III, 11).

Les plébéiens eux-mêmes sont conscients de cette identification du général qui les méprise et qu'ils détestent à une divinité, Brutus (II, I, 217) mentionne :

« *that whatsoever god who leads him* ».
« le dieu, quel qu'il soit, qui le mène » (J.D.)

Et à l'acte suivant, s'adressant à lui, il lui dira :

« *You speak o' th'people*
As if you were a god to punish, not
A man of their infirmity. »

(III, I, 79-81)

Mais le nom de Martius suscite un certain nombre de références précises au dieu de la guerre. Et c'est lorsqu'il reprend ce nom à l'acte V que les allusions de ce genre sont les plus nombreuses.

Aufidius, accueillant le héros avec transport à Antium, lui dit expressément : « *Why, thou Mars !* » (IV, v, 119). Et un peu plus loin (IV, v, 196) un serviteur relèvera ironiquement qu'il est traité « *comme s'il était le fils et l'héritier de Mars* ».

C'est le « *dieu des soldats* » (V, III, 70) qu'invoque Coriolan dans la grande scène où sa famille vient l'implorer, et il lui demande de veiller sur son fils le jeune Martius et de l'inspirer. Digne fils de son père, ce jeune dévoreur de papillons promet beaucoup, en effet... il sera comme lui violent et incapable de se dominer.

Par un comble d'ironie dramatique, Coriolan invoque le dieu après avoir été déclaré « *traître* » par Aufidius et l'échange de répliques fatal déclenche la rage qui va provoquer sa mise à mort :

Cor. *Hear'st thou, Mars ?*
Auf. *Name not the god, thou boy of tears !*

(V, vi, 99-100)

En une occasion précise, Coriolan est identifié à la planète rouge par Cominius qui déclare qu'il a *« frappé Corioli, tel une planète »* (II, ii, 113-114). Et lorsque, seul, il pénètre dans la ville, on le croit perdu, d'où le cri unanime *« to the pot »* (« à la casserole »), ce qui donne lieu à cette brève oraison funèbre, placée dans la bouche de Titus Lartius :

« *Thou art left, Martius :*
A carbuncle entire, as big as thou art
Were not so rich a jewel. »

(I, iv, 54-56)

« Le plus pur escarboucle
Fût-il de ta grosseur, ne serait un joyau
D'un prix égal au tien. »

(trad. J.D.)

Or l'escarboucle ou rubis est la pierre qui correspond à la planète Mars. Elle paraît, avec un sens analogue, dans *Titus Andronicus* (II, iii, 226 sq.) où Bassianus, assassiné, identifié lui aussi à Mars, porte au doigt une pierre flamboyante qui continue à briller dans l'obscurité (voir p. 19).

Coriolan : Cor, Sword

Comme on sait, le surnom de « Coriolan » dérive du nom de la ville de *Corioli* que le héros aurait prise tout seul (ce qui montre bien que nous sommes dans le domaine du mythe). Shakespeare découvre dans ce nom la présence du radical *Cor* (comme dans *Cordélie*), ce qui renvoie au cœur de l'homme et au signe zodiacal du *Lion*, domicile du Soleil.

L'association Martius-Coriolanus décrit donc *Mars dans le signe du Lion*. Rappelons que l'hiéroglyphe de Mars ♂ représente la lance (ou l'épée) et le bouclier.

Si on se reporte à l'*Astrolabium planum* de Johann Engel, on a le choix entre deux images de sens voisin.

Le génie du premier décan du Lion *Aphruimis* marqué par

Saturne est figuré par un homme monté sur un lion *(fig. 6)* et présage « caractère violent, passions malfaisantes ». Et l'image du 6ᵉ degré à l'Ascendant est « un homme tenant dans sa main droite une épée tirée du fourreau » *(fig. 17)* interprété « caractère agressif » (J. Engel dit : « Homo litigiosus allis resistere volens » et J.J. Scaliger : « Natus rixosus erit, aliis adversans ») [70].

Mais, par ailleurs, la face du deuxième décan du Lion *(fig. 18)* représente un homme triplement armé, correspondant au génie *Sithacer*, esprit planétaire de Jupiter, qui présage un caractère provocateur et une volonté tyrannique ; J.J. Scaliger dit : « rixarum nesciorum, necessitatis miserorum, victoriae vilium, per nescios occasionem enses distringendi, praeliorum » [71], ce qui veut dire : « enclin à se battre contre des ignorants, à contredire des malheureux, à faire triompher le mal sur l'ignorance, à saisir l'occasion de s'opposer et de lutter ».

Ce qui est fort curieux dans cette description, c'est qu'elle implique bien l'opposition viscérale de Coriolan à la plèbe.

Sur l'image que nous reproduisons *(fig. 18)*, on voit que le personnage tient dans la main droite un petit bouclier pointu, arme à la fois défensive et offensive, qu'il brandit du bras gauche au-dessus de sa tête un long sabre recourbé et qu'il porte, accroché par derrière à la ceinture un sabre de secours. Certains le décrivent en outre comme « couvert de sang ». Les deux représentations reproduites expriment bien le caractère contraignant accordé à de telles déterminations astrales. Relevons également que ces images se prêtent aisément à l'interprétation en termes d'agressivité sexuelle, qui a été proposée du personnage de Coriolan.

D'après le relevé de Martin Spevack [72] le mot *sword* revient quatorze fois dans la pièce et, en plusieurs endroits, Coriolan s'identifie à son épée ; déjà en I, VI, 76, il interroge : « *Make you a sword of me ?* » ; mais, dans un autre passage, il accepte

---

70. *Images astrologiques des degrés du zodiaque* ; p. 77, 177.
71. *Ibid.*, p. 77, 179.
72. Martin Spevack : *The Harvard Concordance to Shakespeare*. Par comparaison, dans *Macbeth* on trouve 13 fois *sword* et 3 fois *dagger* ; dans *Jules César* 12 fois *sword* et 5 fois *dagger* ; dans *Hamlet* (dont le texte est particulièrement long) on a 17 fois *sword* et une fois *dagger*.

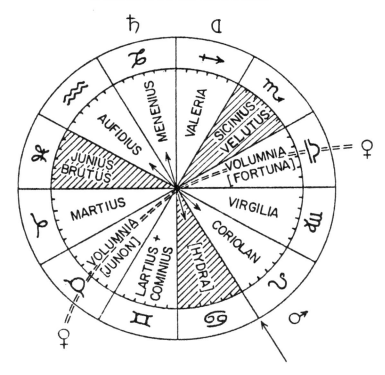

Fig. 16. — Schéma zodiacal de *Coriolan*

Fig. 17. — Image du 6ᵉ degré du Lion, *Astrolabium planum*, *Images astrologiques*.

Fig. 18. — Sithacer, génie du deuxième décan du Lion, *Images astrologiques*.

implicitement l'identification en parlant de « *A bribe to pay my sword* » (I, IX, 38).

Sans doute peut-on, à propos de Coriolan, penser au dieu-épée des Hittites, gravé sur un rocher de Yazilikaya et dont le corps est en partie constitué par des lions *(fig. 19)*.

Fig. 19. — Le dieu-épée à Yazilikaya.

Corrélativement à l'identification à Mars et à l'épée, la pièce est, avec *Jules César* et *Macbeth*, l'une de celles où il est constamment question de sang versé et où les héros ne cessent d'essuyer l'hémoglobine qui ruisselle sur eux. Dans *Coriolan*, le héros n'est pas le seul à paraître couvert de sang, les autres généraux Cominius, Aufidius nous sont montrés barbouillés du sang des autres ou du leur : *blood* se trouve vingt-trois fois dans la pièce, *bloody* cinq fois [73].

Nous pensons que les pièces romaines, au point de vue astrologique, se réfèrent principalement aux énergies planétaires et constituent une catégorie qui met en évidence leur conflit. À cet égard *Coriolan* tourne autour d'un individu « martien »particulièrement envahissant et turbulent.

Dans les traités d'astrologie on trouve : « Mars au domicile du Soleil — c'est-à-dire dans le Lion — mort subite, ou *tué par le fer ou par le feu hors de son pays* » [74], ce qui s'applique bien au héros de la pièce.

---

73. Là encore la comparaison avec d'autres pièces est intéressante :

Titus Andronicus : 24 fois *blood* + 10 fois *bloody* = 34
Jules César   : 24 fois *blood* + 10 fois *bloody* = 34 (voir p. 42)
Macbeth   : 23 fois *blood* + 14 fois *bloody* = 37
Hamlet   : 19 fois *blood* + 7 fois *bloody* = 26

pour tenir compte de la longueur relative des tragédies, il faudrait pondérer ces chiffres.

74. Code Reinfeld, cité par Henri Rantzau ; *Traité des jugements des thèmes généthliaques*, 1657.

Shakespeare semble s'être intéressé au sort tragique des personnages dont l'horoscope comporte Mars en signe de feu : Mars dans le Bélier chez Macbeth et Lear (dans *Coriolan,* il place le jeune Martius dans le Bélier) ; Mars est probablement dans le Sagittaire dans le cas d'Othello ; il est dans le Lion en ce qui concerne Coriolan.

Fig. 20. — Image du 27e degré du Bélier : *Dragon*

L'image du *Dragon* qui apparaît à trois reprises dans la pièce que nous étudions, pour désigner le héros, renvoie à la vignette qui, chez J. Engel, concerne le 27e degré du Bélier *(fig. 20).* Lear s'en sert en parlant de lui-même [75]. Il faut tenir compte de l'affinité entre les signes de feu et du fait que le fils du héros est « situé » dans le Bélier. On relève trois occurrences, la première survient lorsque Coriolan exilé fait ses adieux à sa mère :

« *I go alone,*
Like to a lonely dragon that his fen
Makes fear'd and talk'd of more than seen... »

(IV, I, 29-31)

Audifius, parlant de lui, dira à son tour :

« *[he] fights dragon-like* »

(IV, VII, 23)

Enfin Menenius décrira sa métamorphose :

« **This Martius is grown from man to dragon ; he has wings :** *he is more than a creeping thing.* »

(V, IV, 12-14)

---

75. « Ne viens pas te mettre entre le Dragon et son ire » (*Lear*, I, I, 124) ; voir *Struct. symb. du R.L.*, p. 42.

25. La plèbe et les signes d'eau

De manière assez comique, les critiques se demandent volontiers si Shakespeare prenait à son compte toutes les qualifications outrageantes qui, dans *Coriolan* sont appliquées à la plèbe. Selon nous, la chose ne peut faire aucun doute, et il est tout à fait ridicule de vouloir faire de Shakespeare notre « contemporain » (ou celui de B. Brecht).

Il suffit d'ailleurs de lire certaines indications scéniques, comme à la scène ı de l'acte III : *Enter a rabble of Plebeians with the Aediles* qui semble bien être de la main de Shakespeare (voir p. 20 de l'introduction de l'édition Arden) pour se faire déjà une opinion à ce sujet.

La conception que Shakespeare a de l'*ordre* suppose que chacun doit demeurer à sa place : or le peuple, par nature et par destination constitue la *base* même de l'édifice social. Pour acquérir à ce sujet une certitude, il suffit de relire le passage où Menenius traite le Premier citoyen de « *gros orteil de cette assemblée* » :

> « *What do you think,*
>   *You, the great toe of this assembly ?*
> Firts Cit. : *I the great toe ? Why the great toe ?*
> Men. : *For that being one o'th'lowest, basest, poorest*
>   *Of this most wise rebellion, thou goest foremost :*
>   *Thou rascal, that art worst in blood to run,*
>   *Lead'st first to win some vantage.* »
>
> (I, ı, 153-159)

Le passage n'est pas de traduction facile, mais les commentateurs sont d'accord pour penser que le Premier citoyen est comparé à un chien méchant et avide.

Mais ce qui importe ici c'est que le *pied de l'homme* renvoie au signe zodiacal des *Poissons*[76]. Or, dans le théâtre de Shakespeare, les personnages vils, bas, méprisables, sont

---

76. Voir le commentaire de « *What ! / I say / My foot my tutor* », *La Tempête*, (I, ıı, 471-472), p. 80 de l'art. cité dans la n. 1.

constamment mis en relation avec les Poissons, qu'il s'agisse de Cornouailles dans *le Roi Lear* ou de Caliban dans *la Tempête*.

Dans *Coriolan*, la foule insaisissable, mobile, fluide, est assimilée à l'élément aquatique, conçu comme instable, dangereux *(fig. 21)*. Si bien que, de même que dans *le Roi Lear*, le trio maudit que forment Regane, Goneril et Cornouailles correspond aux signes d'eau Cancer, Scorpion et Poissons ; dans *Coriolan*, les mêmes signes représentant la plèbe, ce qui dans notre schéma nous a conduit à placer la Plèbe-Hydre dans le Cancer, le Premier citoyen et Junius Brutus dans les Poissons, et Sicinius Velutus dans le Scorpion. C'est le nom même de ce dernier (signifiant « petit poignard ») qui permet de le mettre en relation avec l'animal au dard venimeux.

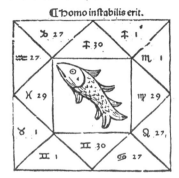

Fig. 21. — Image du 29ᵉ degré des Poissons : *Poisson*.

Un certain nombre d'images employées par Coriolan ou bien le décrivant soulignent qu'il est en conflit permanent avec l'élément marin identifié à la plèbe. Il dit, dès le début :

« *He that depends
Upon your favours, swins with fins of lead* »

(I, 1, 179)

ce qui décrit Saturne (le plomb) en Poissons ; en naissance nocturne cet aspect présage « beaucoup de querelles ».

À l'acte III, 1, 87-88, Coriolan traite Sicinius de « *Triton of the minnows* » (Triton du menu fretin), ce qui renvoie encore au signe des Poissons.

On peut donc « traduire » la parole de Menenius :

« *He would not flatter Neptune for his trident* »

(III, 1, 254)

elle signifie, exactement : « Il ne flattera jamais les flots de la mer (la plèbe) pour devenir consul ».

Toute une série d'images dérivent de l'image-mère de l'Hydre aux multiples têtes et signifient que le conflit est celui de l'animal associé au signe du Cancer avec le Dragon, représentant le Feu. En voici le relevé :

many-headed multitude	II, III, 16
Hydra	III, I, 92
bosom multiplied	III, I, 130
multitudinous tongue	III, I, 155
beast with many heads	IV, I, 1-2.

J. Dover Wilson, dans une note de l'édition de Cambridge, a indiqué les antécédents littéraires de la première image qui sont dans Platon : πολυκέΦαλον θηρίον (*République*, IX, 588) et Horace, *Belua multorum es capitum*, qui s'adresse au peuple romain (*Ep.* I, I, 76). En un cas, Menenius associe l'idée de poisson à celle de multiplicité visqueuse et hostile, en parlant de « *multiplying spawn* » (II, II, 78), « frai qui se multiplie » (J.D.). (La traduction « prolifique engeance » que propose H. Fluchère détruit l'image.) Le mot, comme le relève l'édition Arden (Philip Brockbank), transpose « *prolétaire* ».

En plusieurs occasions aussi l'aristocratie ou Coriolan sont assimilés à des animaux qui se nourrissent de poisson :

« *cormorant belly* », I, I, 120, c'est le Premier citoyen qui parle de l'aristocratie.
« *as the osprey to the fish* », IV, VII, 34, Aufidius imagine le mal que le « Dragon » va faire à Rome : « ce qu'est pour le poisson l'orfraie » (J.D.)

Les images que nous venons de regrouper concernent le Cancer et les Poissons. Par un curieux renversement des rôles, c'est Sicinius — le Scorpion — qui traite Coriolan de « *vipère* » (III, I, 261) et de « *viperous traitor* » (III, I, 284) alors qu'on attendrait que ce fût Coriolan qui lui appliquât ces noms.

Toutefois, la comparaison avec les images du *Roi Lear* permet de découvrir que les mentions du *loup* et du *renard* se rattachent à la symbolique du Scorpion. En effet l'image du 17e degré de ce signe représente « un loup courant dans un champ » et celle du 25ᵉ degré « un loup portant une oie dans sa gueule » *(fig. 22).* Dans *le Roi Lear,* cela est à l'origine des divers passages où les méchantes sœurs, Régane et Goneril sont traitées de « chiennes », de « louves » ou de « renardes » [77].

En raison de la correspondance symbolique entre la plèbe et les signes d'eau, dans *Coriolan* ces qualificatifs s'appliquent aux gens du peuple et, spécialement à Sicinius. Cela permet de mieux comprendre deux passages curieux. D'abord, au début de la première scène de l'acte II, dans un dialogue entre Menenius et Sicinius, paradoxalement, la plèbe est le méchant loup qui veut dévorer « l'agneau » Coriolan (qui, dit Sicinius, serait plutôt un ours !).

Fig. 22. — Images des 17ᵉ et 25ᵉ degrés du Scorpion : *Loups.*

(Les ourses sont d'ailleurs incluses dans la constellation du Dragon comme on le voit sur la *figure 12.*)

Ensuite, après l'exil de Coriolan, Volumnia rencontrant Sicinius le rattache au monde des renards *(foxship,* IV, II, 18). On remarquera que, dans les deux cas, c'est plus particulièrement le personnage de Sicinius qui est assimilé au Scorpion-Loup-Renard.

Le *rat* est l'idéogramme chinois de l'eau ; or Menenius dont la science est inépuisable, dit à propos du conflit entre les patriciens et la plèbe :

---

77. Voir : *Struct. symb. du R.L.*, p. 87-88. L'image du loup s'applique aussi à Shylock et à lady Macbeth. Voir : *Prestiges de la lune et damnation par les étoiles*, respectivement p. 36-37 et p. 77 ; les personnages sont l'un comme l'autre associés au Scorpion. Pour les vignettes de l'*Astrolabium planum, op. cit.*, tables des illustrations et p. 104.

« *Rome and her rats are at the point of battle* »

(I, I, 161)

L'image est reprise, un peu plus loin, par Martius :

« *The Volsces have much corn : take these rats thither,*
To gnaw their garners. »

(I, I, 248-249)

Il est probable qu'aux nombreux jeux de mots implicites ou explicites déjà décelés dans la pièce, il faut en ajouter un sur *corn* (grain mais aussi cor au pied) pour caractériser la famine dont souffre la plèbe ! Un jeu de mots comparable se trouve dans *le Roi Lear*, dans une chanson du fou (II, II, 31-36) qui, à propos du *cor* équivoque sur le nom du méchant Cornouailles, mis lui aussi en relation avec le signe zodiacal des Poissons [78].

Nous avons montré, en étudiant *Titus Andronicus* (chapitre I) que le trio de misérables de cette pièce, constitué par Tamora, Aaron et Saturninus était également associé aux signes d'eau et préfigurait celui du *Roi Lear*.

26. Le schéma zodiacal

Nous l'avons déjà signalé à propos de *Jules César*, Shakespeare, s'inspirant de Plutarque, emprunte à des textes dans lesquels le processus de symbolisation est déjà très élaboré. Avec *Coriolan*, il s'agit des temps mythiques de Rome et d'un héros dont l'existence historique est mal attestée. Ces circonstances facilitent l'identification des personnages principaux de la pièce à des entités, divinités païennes, facultés, forces ou énergies zodiacales ou planétaires. Chez Denys d'Halicarnasse le récit de la vie de Coriolan est prétexte à d'interminables harangues politiques (mais Shakespeare l'a ignoré, semble-t-il).

Aufidius représente le principe opposé à Coriolan ; le héros dit de lui :

---

78. Voir : *Struct. symb. du Roi Lear*, p. 92-93.

*« He is a lion
That I am proud to hunt »*

(I, I, 234)

Coriolan étant le Lion, Aufidius se trouve donc associé au *Verseau*.

Valeria est *« the moon of Rome »* (V, III, 65) ce qui la situe, si l'on suit Manilius [79], dans le signe du Sagittaire. Si on compare le schéma zodiacal à celui de *Jules César*, où Portia occupe le Sagittaire (alors que Brutus représente le Bélier), on peut se demander si Valeria n'est pas, en quelque sorte, l'épouse mystique de Coriolan ?

Nous avons montré que le système d'images de *Jules César*, en accordant une grande importance aux *métaux* renvoyait en réalité aux *planètes*. De même, comme on doit s'y attendre, parallèlement à *l'épée*, *le fer* et *l'acier* sont fréquemment nommés dans *Coriolan* et renvoient, une nouvelle fois, à Mars. (G. Wilson Knight l'avait aperçu mais sans établir explicitement la relation.) [80]

Shakespeare ne pouvait emplir une tragédie des seuls cris, discours et imprécations de Coriolan en proie aux ennemis de Rome, adversaire de la plèbe et, incapable d'une saine appréciation des êtres et des événements, trahissant Rome après s'être trahi lui-même.

La pièce a pour principal sujet le lien de dépendance dans lequel Coriolan se trouve par rapport à sa mère et cela est dit par le Premier citoyen dès la première scène : *« he did it to please his mother »*. (I, I, 38)

Il convient donc d'examiner plus spécialement le personnage de Volumnia. Mais avant de l'aborder en détail, il faut indiquer que Shakespeare a introduit un certain nombre de personnages de manière à « occuper », selon son habitude, les signes du zodiaque.

---

79. Manilius : *Astronomica*, II, 444.

80. G. Wilson Knight : *The Imperial theme*, VI, « The royal occupation, an essay on *Coriolanus* ».

La célèbre fable des « Membres et de l'estomac » qui est dans Plutarque et dans Tite-Live et que Shakespeare semble avoir lue dans les *Remaines* de Camden est narrée par Menenius Agrippa dès la première scène de la tragédie. Elle présente l'intérêt de fournir un bon exemple de ce qu'on appelle souvent la « conception élisabéthaine du monde », en ce sens que s'y trouve clairement énoncées l'équivalence et la correspondance entre le macrocosme et le microcosme humain, et tout le système selon lequel les diverses parties du corps humain sont associées aux signes du zodiaque (et réciproquement les signes aux organes).

Dans cette pièce le mot *microcosme* est placé dans la bouche de Menenius (II, I, 62) pour désigner le visage humain *(microprosope)*, c'est le seul emploi du vocable dans l'œuvre de Shakespeare.

On peut proposer une répartition des personnages de *Coriolan* dans le zodiaque, en sachant que la plèbe (représentée surtout par le Premier citoyen, Brutus et Sicinius) occupe les trois signes d'eau. *(fig. 16)*

> Bélier : Le jeune Martius, fils de Coriolan, qui occupe comme son père un signe de feu.
> Taureau : ?
> Gémeaux : Les deux généraux Titus Lartius et Cominius.
> Cancer : L'Hydre, la plèbe.
> Lion : Coriolan (Mars conjoint au Soleil et à l'Ascendant en Lion).
> Vierge : Virgilia *(« my gracious silence »)*.
> Balance : Volumnia.
> Scorpion : Sicinius Velutus.
> Sagittaire : Valeria (Diana).
> Capricorne : Menenius (Saturne en Capricorne).
> Verseau : Tullus Aufidius.
> Poissons : Junius Brutus.

Menenius ne représente pas l'estomac, comme on le dit ordinairement, mais la digestion (associée au Capricorne) et aussi les rhumatismes que peut entraîner une trop bonne chère.

27. La double Volumnia

Le principal ressort de la pièce est l'extraordinaire ascendant exercé par Volumnia sur son fils ; bien avant la psychanalyse, Shakespeare a étudié là un cas de dépendance du fils à l'égard d'une mère tyrannique. Celle-ci après avoir mis Rome en danger par l'éducation qu'elle a donnée à son fils, sauvera la Ville en sacrifiant son « boy ». Elle est donc, successivement, Mère-épouse et Mère terrible, s'identifiant alors à la Fortune de Rome. Il en résulte que, dans le zodiaque, elle occupe non pas un mais *deux signes* ce qui, dans le théâtre de Shakespeare est assez rare : Volumnia-Junon réside dans le Taureau, Volumnia-Fortuna dans la Balance.

Au début de la troisième scène de l'acte I, Volumnia, s'adressant à sa belle-fille Virgilia, lui tient ces étonnants propos :

> « *If my son were my husband I should freelier rejoice in that absence wherein he won honour, than in the embracements of his bed, where he would show most love.* »
>
> (I, III, 2-5)
>
> « Si mon fils était mon mari, je me réjouirais davantage d'une absence où il acquerrait de l'honneur que des étreintes où, sur sa couche, il témoignerait le plus d'amour. »

Cette déclaration vaut, à elle seule, vingt pages de commentaire « psychanalytique » ; elle montre clairement que Shakespeare savait fort bien ce qu'il voulait décrire.

Le nom de Volumnia est celui de l'antique divinité, protectrice du peuple étrusque, Shakespeare semble la confondre avec Junon. En une occasion, Volumnia invoque la déesse Junon (*For the love of Juno, let's go*, II, I, 100) mais, dans une circonstance critique, elle s'identifie à elle « *in anger Juno like* » (IV, II, 53). Tout cet aspect du personnage la met plutôt en relation avec le signe du Taureau.

Mais elle est aussi non seulement Moneta mais Monitrix, assimilable à une Dikè-Fortuna, régente du signe de la Balance. Or d'après Manilius, la Balance est le signe de Rome[81] ; il en

---

81. Manilius : *Astronomica*, IV, 773-775. Voir ci-dessus § 14.

résulte qu'à la fin de la pièce elle représente la Fortune de Rome, opposée à celle de Coriolan.

De celle-ci il est trois fois question. Lartius demande à la déesse de protéger le héros :

« *Now the fair goddess, Fortune,
Fall deep in love with thee.* »

(I, v, 20-21)

Lors de son exil, Coriolan parle des « revers de la fortune » (« *fortune's blows* », IV, I, 7).

Et, Aufidius, incitant ses concitoyens à tuer Coriolan parle de l'*aveugle fortune* de celui-ci (V, VI, 117), qui, en effet l'abandonne alors.

Fig. 23.— Image du 25ᵉ degré de la Balance : *Paon*.

Si on se reporte à l'*Astrolabium planum* et qu'on examine les images du signe de la Balance, on voit que celle qui s'applique le mieux à Volumnia est celle du *paon*, symbole du 25ᵉ degré ascendant *(fig. 23)* : il représente un indomptable orgueil ; et, en même temps le paon est l'oiseau de Junon. En outre, dans la mythologie, Junon est bien *la mère de Mars*.

Les deux personnages principaux de la pièce, en même temps qu'ils représentent des divinités de l'Olympe revêtent la forme humaine. Mais on a l'impression que les divers niveaux de leurs personnalités sont imparfaitement intégrés les uns aux autres : le résultat est que des êtres aussi exceptionnels ne suscitent guère l'émotion.

Certes, Caius Martius est victime de son monstrueux égotisme, mais sa mère n'est-elle pas la principale responsable de tout ce qui s'est passé et de sa mort lamentable ? Elle a fait de lui un guerrier, mais non pas un homme pleinement adulte. Tel un robot pris entre des déterminations contradictoires, il n'a pas su trouver une ligne de conduite raisonnable et honorable et n'a pu que s'enfoncer dans l'Ailleurs, le Rien, la négation de sa propre identité, pour y trouver la double trahison et la mort. Il n'est pas aussi stupide que l'Ajax de *Troilus et Cressida*, mais il est incapable de maîtriser ses impulsions. Derek A. Traversi dit de lui :

« c'est à la fois un héros, une inexorable machine à combattre et un être humain d'une naïveté enfantine, qui n'a pas atteint la maturité » [82].

En certaines occasions, son comportement est celui d'un gamin de six ans, en d'autres il obéit à des réflexes conditionnés, comme un chien ou un lapin. (Il ne peut supporter certains mots : « *traître* » ou « *boy* » par exemple, qui déchaînent sa fureur.)

Si on accepte l'idée que Coriolan et Volumnia symbolisent un conflit d'énergies et ne représentent que secondairement des êtres humains, la manière dont la mère sacrifie délibérément son fils devient plus aisément intelligible. Volumnia, identifiée à Rome même, abandonne Coriolan à son sort, sachant fort bien qu'elle a provoqué sa destruction.

De la même manière Aufidius, aussitôt qu'il a brisé l'homme-machine qui lui faisait ombrage peut s'offrir le luxe de louer ses mérites ; il n'y a pas beaucoup de « psychologie » dans de tels comportements !

Si on tient néanmoins à tirer de la pièce une leçon de morale, celle-ci est que la fatalité se manifeste à travers le caractère des individus, puisque c'est lui qui détermine leurs actions et donc l'enchaînement des causes et des conséquences. Mais, en définitive, dans *Coriolan*, il ne s'est, pour ainsi dire, rien passé. À la fin de la pièce les rapports entre Rome et les Latins, ceux entre la plèbe et les nobles sont au même point qu'au début. Pour que quelque chose change, il faudra d'autres guerres, d'autres conflits sociaux. Et peu importe que Coriolan ait ou non vécu... Mais Shakespeare, lui, a ajouté une pierre à son ambitieux édifice.

---

82. Derek A. Traversi : *An approach to Shakespeare*, 1969.

NOTE BIBLIOGRAPHIQUE

Les études rassemblées dans ce volume ont fait l'objet des pré-publications ci-après indiquées :

I - « Une pièce expérimentale ; *Titus Andronicus* de Shakespeare, *Hommage à Claude Digeon, Annales de la Faculté de Lettres de Nice*, n° 36, 1987. Reproduit avec l'aimable autorisation de la Société des publications de la Faculté des Lettres de Nice.

II - « Les sept caractères et les quatre tempéraments dans *Jules César* de Shakespeare », Colloque de la Société française Shakespeare *Théâtre et idéologies*, 1981, P., Jean Touzot, 1982.

III - « Deux figures astrales dans la boue d'Égypte », Inédit.

IV - « L'Olympe et la taupinière, images et personnages dans *Coriolan* de Shakespeare », *D'Eschyle à Genet*, études sur le théâtre, en hommage à Francis Pruner, Dijon, 1986.

TABLE DES ILLUSTRATIONS

Couverture : *Ophiucus, (fig. 10)*.

Fig. 1. Le schéma zodiacal de *Titus Andronicus*.

Fig. 2. et 3. Figures d'un tarot du xve siècle : *Diane et Actéon*

Fig. 4. Lavinia-Philomèle-Lucrèce.

Fig. 5. La structure astrologique de *Jules César*.

Fig. 6. *Aphruimis*, génie du premier décan du Lion. J. Engel, *Astrolabium planum, Images astrologiques des degrés du zodiaque*, p. 77 et 177.

Fig. 7. *Eridanus ou Nilus*, ill. éd. Hygin par J. Micyllus (Jacobus-Fredericus-Constantius Moltzer), Bâle, 1549.

Fig. 8. Albert Durer : Les constellations, de la Balance au Capricorne.

Fig. 9. Schéma zodiacal et stellaire d'*Antoine et Cléopâtre*.

Fig. 10. *Ophiucus*, ill. Hygin, éd. citée.

Fig. 11. Image du 30e degré du Scorpion, *Astrolabium planum, Images astrologiques*, p. 108 : grand serpent.

Fig. 12. Merveilleux nuages, montage d'après *Astrolabium planum* et éd. Hygin. *(Le Sagittaire, Le Dragon)*.

Fig. 13. *Hercule et la Couronne*, ill. éd. Hygin, 1549.

Fig. 14. *Le dauphin, ibid.*

Fig. 15. Hans Holbein le Jeune : *Cléopâtre* (« allaitant » les serpents), 1523.

Fig. 16. Schéma zodiacal de *Coriolan*.

Fig. 17. Image du 6e degré du Lion, *Astrolabium planum, Images astrologiques*, p. 78.

Fig. 18. *Sithacer*, génie du deuxième décan du Lion, *Images astrologiques*, p. 77 et 179.

Fig. 19. Le dieu-épée des Hittites à Yazilikaya (O.R. Gurney) : *The Hittites*, 1952, fig. 14.

Fig. 20. Image du 27e degré du Bélier : *Dragon, Images astrologiques*, p. 52.

Fig. 21. Image du 29e degré des Poissons : *Poisson, Ibid*, p. 140.

Fig. 22. Images des 17e et 25e degrés du Scorpion : *Loups, Ibid.*, p. 105 et 107.

Fig. 23. Image du 25e degré de la Balance : *Paon, Ibid.*, p. 99.

Dos de la couverture : *Hercule, (fig. 13)*.

TABLE DES MATIÈRES

INTRODUCTION 7

CHAPITRE I. UNE PIÈCE EXPÉRIMENTALE :
TITUS ANDRONICUS 11

    1. Un magasin zodiacal 11
    2. Deux prédateurs, compagnons d'enfer 13
    3. Le malheur animalisé : les proies. Lavinia 16
    4. Une autre victime, Bassianus 19
    5. La scène de tir à l'arc et la structure zodiacale 20

CHAPITRE II. LES SEPT CARACTÈRES ET LES QUATRE
TEMPÉRAMENTS DANS *JULES CÉSAR* 27

    6. Antoine ou Mercure en Cancer 27
    7. Cassius et Saturne en Capricorne 28
    8. Casca sous-Cassius et le signe des Poissons 31
    9. Brutus et Mars en Bélier 33
    10. Portia et Vénus en Sagittaire 36
    11. Les signes de feu 37
    12. Jules César ou le Soleil en Lion 38
    13. Calpurnia : la Lune en Verseau 44
    14. Octave : Jupiter en Balance 45
    15. Les quatre tempéraments 48
    16. La série planétaire 49

CHAPITRE III. DEUX FIGURES ASTRALES DANS
LA BOUE DU NIL : *ANTOINE ET CLÉOPÂTRE* 51

    17. Le ciel et la boue 51
    18. Cléopâtre, le Scorpion ; la noirceur et le Serpent 52
    19. Antoine cavalier et homme-cheval. Le Sagittaire 59
    20. Antoine-Hercule 61
    21. Antoine, Mars et Algol 64
    22. Le rêve cosmique de Cléopâtre : Anton/Autumn 65
    23. *Antoine et Cléopâtre* dans le théâtre de Shakespeare 69

CHAPITRE IV. L'OLYMPE ET LA TAUPINIÈRE. IMAGES ET PERSONNAGES DANS *CORIOLAN* 73

    24. Les noms et le personnage de Coriolan 73
    25. La plèbe et les signes d'eau 81
    26. Le schéma zodiacal 85
    27. La double Volumnia 88

NOTE BIBLIOGRAPHIQUE 91

TABLE DES ILLUSTRATIONS 92

Achevé d'imprimer
par Corlet, Imprimeur, S.A.
14110 Condé-sur-Noireau

N° d'Imprimeur : 10324
Dépôt légal : octobre 1988
Imprimé en France